Harald Roth – Konrad Gündisch
Fünfkirchen/Pécs

Harald Roth – Konrad Gündisch

Fünfkirchen/Pécs

Geschichte einer
Europäischen Kulturhauptstadt

2010

BÖHLAU VERLAG WIEN KÖLN WEIMAR

Gedruckt mit Unterstützung durch das

Bundesministerium für Wissenschaft und Forschung

BM.W_F ª

und das
Ungarische Tourismusamt
Repräsentanz Österreich

ungarn-tourismus.at

Bibliografische Information der Deutschen Nationalbibliothek:
Die Deutsche Nationalbibliothek verzeichnet diese Publikation in der
Deutschen Nationalbibliografie; detaillierte bibliografische Daten
sind im Internet über http://dnb.d-nb.de abrufbar.

Umschlagabbildung: Luftbild des Széchenyi-Platzes im Herzen der Innenstadt von
Fünfkirchen/Pécs mit der römisch-katholischen Stadtpfarrkirche (ehemals Ghazi-
Kassim-Moschee) und dem Rathaus (im Südosten). Foto: János László, Budapest
(www.civertan.hu).

Vorsatz: Stadtplan der Innenstadt von Fünfkirchen/Pécs mit Eintragung wichtiger
historischer Gebäude für das 14. bis 20. Jahrhundert. Ausführung: András Kikindai,
Budapest.

Nachsatz: Stadtplan der königlichen Freistadt Fünfkirchen/Pécs von 1864, unmittelbar nach Umbenennung eines großen Teils der Straßen und Plätze. Abdruck mit
freundlicher Genehmigung der Ungarischen Nationalbibliothek Budapest (Országos
Széchenyi Könyvtár, www.oszk.hu).

Alle Rechte vorbehalten.
Gedruckt auf chlor- und säurefrei gebleichtem Papier
Druck: General Druckerei GmbH, HU-6726 Szeged

ISBN 978-3-205-78438-8

INHALT

7   Vorbemerkung

9   Verzeichnis der Gassen, Straßen und Plätze

10   Hinweise zur Aussprache im Ungarischen

11   Sopianae und Quinque basilicae in der Römer-
und Völkerwanderungszeit

23   Qinqueecclesiae – Fünfkirchen im Mittelalter
(1009–1526)

41   Peçuy – ein Zentrum im osmanischen Ungarn
(1526–1686)

69   Fünfkirchen zwischen habsburgischem Fiskus
und katholischem Klerus (1686–1780)

93   Die königliche Freistadt Fünfkirchen/Pécs
(1780–1918)

127   Pécs im 20. Jahrhundert (1918–2010)

155   Auswahlbibliographie
159   Nachweis der Zitate
161   Abbildungsnachweis
163   Register der Personen und Orte

VORBEMERKUNG

Fünfkirchen, Pécs – ein unbekannter Ort? Schwäbische Türkei – ein begrifflicher Widerspruch? In Deutschland dürfte dies meist zutreffen, in Österreich wird man mit diesen Namen hingegen noch öfter etwas anfangen können. Nur selten führen, trotz aller Sympathie für das Land, Reisen nach Ungarn über Budapest und über den Plattensee hinaus. Im Jahr 2010 wird sich dies hoffentlich ändern. Gemeinsam mit Essen/Ruhrgebiet und Istanbul trägt Fünfkirchen im südlichen Ungarn den Titel einer Europäischen Kulturhauptstadt. Absolut zu Recht, wie ein Blick in seine Vergangenheit zeigt. Alle großen europäischen Entwicklungen spiegeln sich in dieser Stadtgeschichte verdichtet wider, ein selten breites historisches Spektrum – von den Römern über die Völkerwanderungszeit, über die Epoche der mittelalterlichen Königreiche und jene der Auseinandersetzung zwischen Christentum und Islam in Südosteuropa bis hin zur Rekatholisierung, zu den neuzeitlichen Kaiserreichen und den Nationalstaaten. Und die Region im Umfeld der Stadt, nach der Türkenzeit mit »schwäbischen« Bauern besiedelt, die zumeist aus dem süddeutsch-österreichischen Raum stammten, ist für historische und kulturelle Entdeckungen nicht weniger geeignet.

Das vorliegende Buch will diese faszinierende Geschichte in einem knappen Überblick darstellen. Es kann natürlich keine vollständige Stadtgeschichte bieten. Manches Detail wird hier fehlen und auch historische Prozesse können mitunter nur skizziert werden. Im Allgemeinen aber hoffen wir doch, dem Leser die großen Entwicklungslinien und Zusammenhänge aufzeigen zu können, über den Weg einer Synthese die historische und kulturelle Vielgestaltigkeit Fünfkirchens erkennbar zu machen.

Diese Stadtgeschichte ist für ein deutschsprachiges Publikum geschrieben. Deutschen – implizit österreichischen – Bezügen in der historischen Entwicklung gilt daher ein besonderes Augenmerk. Und deswegen werden, soweit vorhanden, auch bewusst die historischen deutschen Ortsnamen benutzt – einst Allgemeingut im östlichen Mitteleuropa. Der besseren Lesbarkeit wegen haben wir uns auch bei den Namen der Straßen und Plätze für jene deutschen Namen entschieden, die nach der habsburgischen Rückeroberung der Stadt 1686 entstanden und im 18. und 19. Jahrhundert benutzt wurden. Im 20. Jahrhundert waren sie nicht mehr im Gebrauch. Ein Wechsel der sich nun mehrfach ändernden Namen im

Text hätte aber Verwirrung und schwerere Lesbarkeit zur Folge gehabt, sodass wir uns für eine Übersicht der Namen entschieden haben; sie ist der Darstellung vorgeschaltet und auch zusammen mit dem Stadtplan im vorderen inneren Umschlag benutzbar. Die verschiedenen Namensvarianten der im Text erwähnten Orte sind alle über die Verweise im Register schnell erschließbar.

Dieser Abriss der Stadtgeschichte von Fünfkirchen baut auf zahlreichen Arbeiten anderer Fachkollegen auf. Vor allem nach der Wende hat sich im Rahmen der 1992 gegründeten »Stiftung Geschichte Fünfkirchens« (Pécs története alapítvány) eine wertvolle ortsgeschichtliche Forschungs- und Publikationstätigkeit entwickelt. Stellvertretend für viele seien Márta Font und József Vonyó genannt, die eine ganze Reihe der inzwischen 20 Bände der »Studien zur Geschichte von Fünfkirchen« herausgegeben haben. Für Fragen der frühchristlichen und der mittelalterlichen Geschichte sei vor allem Tamás Fedeles für dessen erkenntnisreiche Studien gedankt. Unter den deutschsprachigen Publikationen seien stellvertretend jene von Márta Fata, Gerhard Seewann und Norbert Spannenberger erwähnt, die als Grundlagen für diese Synthese von großem Wert waren. Forschungen zur Stadtgeschichte stehen vor allem für das 20. Jahrhundert noch aus, sodass sich für manche Zeitabschnitte die ortsspezifischen Entwicklungslinien noch nicht immer klar erkennen lassen.

Im Jahr 2009 konnte Fünfkirchen ein bedeutendes Jubiläum begehen: Eintausend Jahre seit der Gründung des Bistums durch König Stephan I., den Heiligen. 1009 erfolgte gewissermaßen die Neubegründung jener Stadt, die als Europäische Kulturhauptstadt 2010 größte öffentliche Aufmerksamkeit erfahren wird. Wir würden uns wünschen, dass unser Überblick zur Geschichte Fünfkirchens dem Leser wie dem Reisenden ein Leitfaden für die kulturellen Besonderheiten dieser herausragenden Stadt im Süden Ungarns sei.

H. R. / K. G.

VERZEICHNIS DER NAMEN VON GASSEN, STRASSEN UND PLÄTZEN

Deutsche Namen 18./19. Jh.	*Heutige ungarische Namen*
Annagasse	Anna utca
Benediktinergasse	Jókai Mór utca
Domplatz	Dóm tér
Dreifaltigkeitsplatz	Széchenyi István tér
Fischmarkt	Jókai tér
Florianigasse	Nagy Flórián utca
Franziskanergasse	Ferencesek utcája
Gartengasse	Dischka Győző utca
Jesuitengasse	Vörösmarty Mihály utca
Johannesgasse	János utca
Josefgasse	József utca
Kaposwarer Gasse	Hunyadi János utca
Kapuzinergasse	Irgalmasok utcája
Komitatsgasse	Megye utca
Marktplatz	Széchenyi István tér
Mühlgasse	Felsőmalom utca
Nepomukgasse	Munkácsy Mihály utca
Neuer Markt	Kossuth tér (vorher: Majláth tér)
Nonnengasse	Apáca utca
Obere Kapitelsgasse	Káptalan utca
Ofener Gasse	Király utca
Paulinergasse	Timár utca
Postgasse	Perczel Mór utca
Schulgasse	Szepesy Ignác utca
Seminargasse	Papnövelde utca
Staatsstraße	Rákóczi út
St.-Stephans-Platz	Szent István tér
Theresiagasse	Zrínyi Miklós utca
Untere Kapitelsgasse	Janus Pannonius utca
Untere Schlossgasse	Szent István tér
Eisentor	Vaskapu (auch Mecsek kapu)
Ofener Tor	Budai kapu
Sikloser Tor	Siklósi kapu
Szigeter Tor	Szigeti kapu

HINWEISE ZUR AUSSPRACHE IM UNGARISCHEN

a	dunkles *a*
á	helles *a*
c, cz	*z*
cs	*tsch*
e	*ä*
é	helles *e*
gy	*dj*
í	langes *i*
ly	*j*
ó	helles *o*
ő	langes *ö*
s	*sch*
sz	stimmloses *s*
ű	langes *ü*
ú	langes *u*
z	stimmhaftes *s*
zs	stimmhaftes *sch*

SOPIANAE UND QUINQUE BASILICAE IN DER RÖMER- UND VÖLKERWANDERUNGSZEIT

Sopianae – mit diesem anmutigen, das mediterrane Klima der Region gleichsam aufnehmenden Namen tritt der Ort, der sich an die hügelige Landschaft des Fünfkirchener Gebirges anschmiegt, ins Licht der Geschichte. Die erste Erwähnung erfolgte relativ spät, im sogenannten »Itinerarium Antonini«, einem unter Kaiser Caracalla zwischen 211 und 217 n. Chr. erstellten Verzeichnis der wichtigsten römischen Reichsstraßen.

Der Name weist in die Vor- und Frühgeschichte, als neben Illyrern und Pannoniern auch die keltischen Hercuniates in Transdanubien, im Dreieck zwischen Plattensee, Donau und Drau, lebten. Das keltische »sop« bezeichnet stehende, schilfbewachsene Gewässer und sumpfige Wiesen, die damals wohl das Landschaftsbild prägten. Andere Forscher leiten den Ortsnamen von einem Personennamen ab, den ein keltischer oder ein illyrischer Stammesführer getragen haben soll.

Von der römischen Provinzstadt zur Provinzhauptstadt

Bereits im ersten vorchristlichen Jahrhundert bestanden Handelsbeziehungen zum Römischen Reich, wie Münzfunde aus jener Zeit beweisen. Auch eine römische Reitertruppe ist um die Mitte dieses Jahrhunderts bis nach Sopianae vorgedrungen, wie der Fund von Grabsteinen römischer Soldaten zeigt, die damals dort gefallen sein dürften. Das Gebiet ist nach dem ersten Pannonischen Krieg (12 bis 9 v. Chr.) von römischen Truppen erobert worden. Diese wurden von den Brüdern Tiberius und Drusus angeführt. Nach der Niederschlagung eines Aufstandes (6 bis 9 n. Chr.) wurde es dem Römischen Reich eingegliedert. Zunächst hieß die Provinz »Illyricum Inferior«, dann »Pannonia«; ihre Hauptstadt war Carnuntum bei Petronell in der Nähe von Wien. Nach der ersten Teilung der Provinz im Jahre 103 n. Chr. gehörte der Ort zu »Pannonia Inferior« und wurde von Aquincum nahe des heutigen Budapest aus regiert. »Lucius Ulpius Marcellus, legatus Augusti pro praetore Pannoniae inferioris«, ein Statthalter Kaiser Trajans oder Hadrians in Unterpannonien, der seinen Namen in einen Opferaltar aus weißem Marmor meißeln ließ, dürfte der erste namentlich bekannte Bewohner – oder Besucher – von

Sopianae gewesen sein. Nach der zweiten Teilung der Provinz 308 wurde Sopianae von Kaiser Diokletian zur Hauptstadt der Provinz »Pannonia Valeria« bestimmt.

Im Zuge der Eingliederung Pannoniens in das römische Imperium wurde die transkontinentale Reichsstraße ausgebaut, die den Osten mit dem Westen verbinden sollte und von Hadrianopolis (Edirne) nach Treveris (Trier) über Sirmium (Sremska Mitrovica), Sopianae (Pécs), Savaria (Szombathely) und Vindobona (Wien) führte. Eine Abzweigung der Reichsstraße führte von Sopianae nach Carnuntum, von dieser zweigte eine Straße nach Aquincum ab. Nicht zuletzt führten aus dem Ort zwei Straßen zum Limes, dem römischen Grenzverteidigungssystem an der Donau. Vom Limesweg zweigte später bei Lugio (Dunaszekcső) die Reichsstraße ab, die die Donau überquerte und bis nach Dakien, in die östlichste Provinz des Römischen Reiches, führte. Zwei römische Meilensteine, die an der Fünfkirchener Staatsstraße gefunden wurden, weisen auf den Straßenknotenpunkt Sopianae hin.

Trotz dieser für eine wirtschaftliche Entwicklung günstigen Lage entwickelte sich Sopianae zunächst nur langsam. Erst in den ersten Jahrzehnten des 2. Jahrhunderts begann die Ortschaft aufzublühen, wie damals errichtete Steinbauten zeigen, die in der Nähe des heutigen Postgebäudes gefunden worden sind. Das hängt mit der Fertigstellung des unterpannonischen Limes zusammen, denn dieser bot größere Sicherheit für die Bewohner, neue Möglichkeiten des Ost-West-Handels nach der Eroberung Dakiens (106) und eine weitere Einkommensquelle für die Bewohner: nämlich den Besuch durch die Grenzverteidiger, die sich im klimatisch mediterranen Sopianae von ihren Strapazen zu erholen suchten. Zu ihnen dürfte der römische »miles« Caesernius Martialis gehört haben, der einer bekannten Kaufmannsfamilie von Aquileja – im heutigen Friaul – entstammte. Die von ihm errichtete Stele, die in Fünfkirchen erhalten geblieben ist, könnte aber auch ein Hinweis auf die regen Handelsbeziehungen der Stadt sein. Weitere Fundstücke weisen auf zahlreiche Handwerker sowie auf den Obst- und Weinbau in der Stadt und in der Umgebung hin. Veteranen, ausgediente römische Soldaten, die andernorts einen wichtigen Teil der Bevölkerung gebildet haben, haben hier kaum Spuren hinterlassen. Inschriften auf Steindenkmälern und andere Spuren lassen darauf schließen, dass hier zum einen romanisierte Kelten, Pannonier und Angehörige anderer Gruppen lebten, die bereits vor der Eroberung der Provinz hier ansässig waren. Zum anderen waren

Abb. 1: Die Basilika im 4. Jahrhundert und Denkmäler auf dem frühchristlichen Gräberfeld (vor der Basilika Grab mit Grabkapelle, links die Cella trichora, rechts Teile der Cella septichora) (Rekonstruktionsskizze: Gyula Gosztonyi).

es Zuwanderer, die vor allem aus Norditalien und dem westlichen Pannonien gekommen sind und wohl die Führungsschicht gebildet haben.

Ob aber Sopianae im 2. Jahrhundert wirklich schon eine römische Stadt war, wissen wir nicht. Eine Erhebung zum Municipium ist nicht überliefert, doch deutet der spätere Status als Zentrum einer Provinz darauf hin. Die erste Blütezeit wurde durch die Markomannenkriege (166–182) unterbrochen, eine zarte Erholung rafften der Gotensturm (251) und ein Einfall der sarmatischen Roxolanen (259–260) dahin. Vergrabene Münzschätze, ruinierte Steinbauten und ärmliche, aus Lehm gebaute Häuser zeugen davon. Erst gegen Ende des 3. Jahrhunderts erholten sich der Ort und sein Umland wieder, der Limes wurde wiederhergestellt, die Wirtschaft wuchs wieder, der Geldverkehr wurde wieder aufgenommen. Nach der Vierteilung Pannoniens wurde Sopianae zum Sitz des Statthalters, des Praeses, der Provinz Valeria. Große Gebäude, deren Errichtung auf den Anfang des 4. Jahrhunderts datiert wird, zeugen von den Impulsen, die vom neuen Verwaltungssitz ausgingen.

Zufallsfunde und systematische archäologische Grabungen haben Informationen zutage gebracht, die uns Lage und Ausdehnung von Sopianae bestimmen lassen. Die Stadt lag am südlichen Abhang des Fünfkirchener Gebirges, des Mecsek, in Form eines sich von Osten nach Westen erstreckenden, etwa 500 x 400 Meter großen Vierecks mit schachbrettartigem Straßennetz. Mittelpunkt des öffentlichen Lebens war das Forum, das sich auf dem Gelände des heutigen Postpalastes zwischen der Benediktinergasse und der Staatsstraße befand. Bei dessen Bau 1903/1904 wurden Überreste großer römischer Gebäude und eines Marmorbades gefunden, 2008/2009 auch jene einer Basilika. Das Kapitol, das religiöse Zentrum jeder römischen Stadt, konnte nicht eindeutig identifiziert werden, Funde von Jupiter-, Juno- und Herkulesaltären deuten aber auf das Gelände südlich der Staatsstraße hin. Hingegen verfügte der Ort über ein mit Steinblöcken sorgfältig ausgebautes Wasserleitungs- und Ableitungssystem, das in einem längeren Abschnitt nördlich des Domes freigelegt werden konnte.

Eine Verteidigungsmauer konnte bislang nicht gefunden werden, wurde vielleicht auch nicht gebaut, weil der nahe Limes genügend Schutz zu bieten versprach – aber nicht hielt. Wiederholte Zerstörungen – etwa des in der ersten Hälfte des 2. Jahrhunderts errichteten Marmorbades während der Markomannenkriege oder der Gebäude des Forumskomplexes, die den Roxolanen zum Opfer fielen – sind Hinweise darauf, dass die Stadt in Kriegszeiten den Feinden schutzlos ausgeliefert war, sich aber immer wieder von den Zerstörungen erholte und das Leben in ihr weiterging.

Neben den römischen Hauptgöttern Jupiter, Juno und Herkules, für die auf dem Kapitol Altarsteine aufgestellt wurden, wurden die als göttlich verehrten Kaiser angebetet. Von diesem Kult zeugt ein beeindruckendes Kaiserporträt aus vergoldeter Bronze, das Marc Aurel zeigen soll (andere Forscher schreiben es Valentinian II., 375–392, zu). Im 2. Jahrhundert setzte sich zunehmend der kleinasiatisch-römische Mithraskult und ab der Mitte des 3. Jahrhunderts schließlich das Christentum durch, zwischen denen die Religionswissenschaftler einige Parallelen festgestellt haben.

Frühchristentum

Die ersten Christen wurden auch auf dem Territorium Pannoniens verfolgt, vor allem unter Kaiser Diokletian (284–305), als die Bischöfe einiger südpannonischer Städte als Märtyrer starben. Aus dieser Zeit ist die Geschichte von fünf Steinmetzen aus Sopianae und Umgebung überliefert, die beim Bau eines Kaiserpalastes bei Salona (Split) an der

Abb. 2: Blick in eine der frühchristlichen Grabkammern, benannt nach den Aposteln Petrus und Paulus beiderseits des Christogramms (Zeichnung: Theodor Dörre).

Adria eingesetzt worden sind. Als bekennende Christen mussten sie aber den Märtyrertod sterben. Man soll sie in Sopianae begraben haben, in den »Quinque (martyrum) basilicae« (Basiliken der fünf Märtyrer). In den Nischen, die in den im 18. bis 20. Jahrhundert wieder ausgegrabenen Friedhofskapellen gefunden wurden, von denen gleich die Rede sein wird, könnten ihre Reliquien aufbewahrt worden sein. Da es noch einen Beleg für diesen Ortsnamen aus dem 9. Jahrhundert gibt – Erzbischof Liupram von Salzburg, der zwischen 836 und 859 amtierte, soll eine Kirche »ad Quinque basilicas« geweiht haben – könnte der mittelalterliche Name »Quinque Ecclesiae«, zu deutsch »fünf Kirchen«, auf diese frühchristliche Zeit zurückgeführt werden. Dafür spricht auch eine Interpretation des ungarischen Stadtnamens, der auf das Slawische »pet crkve«, fünf Kirchen, zurückgeführt wird und eine Namenskontinuität für die Zeit des slawischen »Plattensee-Fürstentums« des Pribina belegen könnte. Die in der Sprachforschung gängige Etymologie geht allerdings eher vom slawischen »peć«, Ofen, aus.

Seit Kaiser Konstantin dem Großen (306–337) wurde das Christentum – sieht man von Julian Apostata (361–363) ab – nicht mehr verfolgt. Theodosius der Große (379–395) erhob es gar zur Staatsreligion. In den größeren römischen Städten entstanden Bischofssitze, vermutlich auch in Sopianae. Hier bekannten sich seit dem Beginn des 4. Jahrhunderts praktisch alle Schichten der städtischen Gesellschaft zur neuen Religion, die römischen Beamten, Offiziere und Großgrundbesitzer ebenso wie die reichen Kaufleute, die wohlhabenden Handwerker und die armen Tagelöhner. Sie wurden je nach wirtschaftlich-sozialer Lage oder kirchlich-hierarchischem Rang in einfachen Ziegelgräbern, unbemalten oder reich verzierten Grabkammern mit darüber errichteter Kapelle beigesetzt. Grabbeigaben waren keine Seltenheit, wie viele schöne Glaswaren belegen. Viele dieser Bauwerke wurden in den letzten zwei Jahrhunderten bei Bauarbeiten oder durch systematische Grabungen freigelegt. Einige der Gedenkkapellen wurden in der nachrömischen Zeit als Kirchen genutzt und sind Zeugnisse einer mehr als eineinhalb Jahrtausende währenden Kontinuität christlichen Glaubens in Fünfkirchen, der die häufigen Wechsel in der Zusammensetzung der Bevölkerung in den nachrömischen Jahrhunderten überstanden hat. In ihrer großen Zahl und herausragenden Qualität sind diese frühchristlichen Gräber so einzigartig, dass sie im Jahr 2000 in die Weltkulturerbeliste der UNESCO aufgenommen worden sind.

Die wertvollsten wurden im frühchristlichen Gräberfeld auf dem Domplatz gefunden, sind inzwischen sorgfältig restauriert und für die Öffentlichkeit begehbar gemacht. Es sind reichlich bemalte Grabkammern (cubicula), über denen eine Grabkapelle (cella memoriae) stand. Derartige Grabdenkmäler wurden außer in den frühchristlichen Katakomben von Rom nur in Fünfkirchen gefunden.

Insgesamt sind bislang 24 derartige Grabbauten freigelegt worden. Sie verweisen auf eine Vielfalt kultureller, künstlerischer und architektonischer Einflüsse, die aus dem norditalienischen und dalmatinischen, aber auch aus dem byzantinischen Raum stammen. Acht der gefundenen Grabkammern waren mit Fresken ausgemalt, drei davon sind noch erhalten. In der einen, am südöstlichen Turm des heutigen Domes, sind die Apostel Petrus und Paulus dargestellt; über einer Nische, in der vermutlich Reliquien aufbewahrt worden sind, ist ein kreisförmiges Christus-Monogramm zu sehen: die Ligatur der griechischen Buchstaben X = Chi und P = Rho als spätantikes Symbol für Christus. Die zweite bemalte

Abb. 3: Grabkapelle mit sieben Apsiden (Rekonstruktionsskizze: Kálmán Szijártó).

Grabkammer befindet sich gegenüber dem Haupteingang des Domes. In ihr steht ein römischer Steinsarg mit doppeltem Boden, darüber eine eucharistische Nische, in die ein Krug und ein Kelch gemalt worden sind. Die größte, mit Rebstöcken bemalte Grabkammer ist ein wahres frühchristliches Mausoleum, in dem ein Sarkophag aus weißem Marmor, drei weitere Grabstätten und vierzehn Skelette gefunden wurden. Darüber liegen die Fundamente einer rechteckigen Kapelle mit einer Rundbogenapsis. Münzfunde datieren den Bau auf die Jahre 350–375. In diesem frühchristlichen Friedhofsteil wurden außerdem über 50 Ziegel- und Erdgräber weniger wohlhabender Verstorbener ausgegraben, ferner die Gemme eines Ringes mit der Darstellung des »Guten Hirten« gefunden.

Als Baudenkmäler herausragend sind zwei Friedhofskapellen ohne darunter liegenden Grabkammern an der Südseite des Domes. Sie sind mit mehreren halbkreisförmigen Apsiden (auch Konchen genannt) versehen, die eine mit drei, die andere mit sieben. Die Cella trichora, die Kapelle mit drei Chören, befindet sich an der südwestlichen Ecke des heutigen Domes, ist 5,20 x 4,60 Meter groß und besteht aus einem rechteckigen, früher von einer Kuppel bedeckten Mittelraum, an den sich drei halbrunde Nebenräume anschließen, die mit einem kugelsegmentähn-

lichen Gewölbe überdacht worden waren. Die Wände dieser Cella trichora sind von zwei Fresko-Schichten bedeckt, deren erste in den letzten
Jahrzehnten des 4. Jahrhunderts entstanden ist, während die zweite vom
Ende des 11. Jahrhunderts stammt und wohl nach 1064 angebracht wurde,
als der erste mittelalterliche Dom einem Brand zum Opfer gefallen war
und wieder aufgebaut wurde – ein eindrücklicher Hinweis auf die Fortdauer christlicher Glaubensausübung an diesem heiligen Ort.

Unmittelbar westlich des Gebäudes des Stiftsarchivs und der Dompfar-
rei wurde 1938/39, sechs Meter unter dem heutigen Straßenniveau, die Cella septichora freigelegt. Sie besteht aus einem lang gezogenen, achteckigen
Mittelraum (innen 29,35 x 15,15 Meter), jeweils drei Apsiden an der Nord-
wand und an der Südwand sowie einer im Osten. Der Eingang befand
sich an der westlichen Seite. Die Apsiden waren wahrscheinlich gewölbt,
der Mittelraum mit einer flachen Decke bedeckt oder offen, in diesem
Fall eine sogenannte »basilica discoperta«. Der Grundriss erinnert an ein
Christus-Monogramm. Das Alter der Cella septichora ist umstritten: Einige Forscher plädieren für das 4., andere für das 5. bis 6. Jahrhundert. Die
einen meinen, es handle sich um eine Friedhofskapelle, die anderen, es sei
ein Baptisterium, eine Taufkapelle, gewesen. Jedenfalls wurde die einzige
bekannte Parallele außerhalb Italiens, die St.-Gereon-Basilika in Köln, im
4. Jahrhundert als Friedhofsbasilika der frühen Kölner Christen gebaut.
An den dekagonalen Mittelraum schließen sich hier neun Apsiden in ähnlicher Aufstellung wie bei der Fünfkirchener Cella septichora an.

Eine dritte Kapelle in Form einer römischen Basilika mit Langhaus
und Apsis wird unter der Domkirche vermutet, könnte aber auch jene
Kirche sein, die Erzbischof Liupram geweiht hat. Neuerdings erheben
einige Forscher Zweifel daran, dass es sich bei den »Quinque basilicae«
wirklich um Fünfkirchen handelt. Sie erscheinen jedoch als unbegründet,
da die Territorien zwischen Pettau und der Draumündung von Ludwig
dem Deutschen an das Salzburger Bistum als Eigentum und Missions-
gebiet übertragen worden sind.

Niedergang in spätrömischer Zeit

In der zweiten Hälfte des 4. Jahrhunderts mehrten sich die Angriffe
der sogenannten Barbaren auf den östlichen Vorposten des Römischen
Reiches. 357 und 374 fielen erneut die Markomannen ein, und nach der

Niederlage von Kaiser Valens in der Schlacht von Adrianopel im Jahr 378 konnte Pannonien nicht mehr von den Römern verteidigt werden. Sie überließen die Provinz den sogenannten »foederati«, also den zeitweiligen Verbündeten germanischer oder hunnischer Herkunft. Es floss kein Geld mehr in die Provinz, die Marktproduktion ging zurück und an die Stelle der modernen Geldwirtschaft trat wieder der primitive Tauschhandel. Als eine Folge verließen die reicheren römischen Kaufleute Sopianae, die Stadt begann zu verfallen. Ein Zeichen dafür ist, dass die Verstorbenen nun in der Nähe des heutigen Postpalais, zwischen den Ruinen des ehemals stolzen Forums, bestattet wurden. 405 überfielen die Goten die pannonischen Provinzen. 433 wurde die Provinz Pannonia Valeria schließlich an die Hunnen abgetreten. Damit war das Ende der römischen Herrschaft in dieser Region besiegelt.

Völkerwanderungszeit

Aus hunnischer Zeit dürfte ein Reitergrab stammen, das in Pécs-Üszög entdeckt, leider aber nicht von Archäologen ausgegraben wurde. Ein Schwert mit vergoldeter Scheide, ein mit Gold beschlagenes Pferdegeschirr und ein ebenso verzierter Sattel deuten auf einen Angehörigen der hunnischen Führungsschicht, der in Sopianae gelebt haben könnte. Die Hunnenherrschaft währte nur zwanzig Jahre und verfiel nach dem Tod ihres legendären Königs Attila (453) zusehends. Nominell wurde Pannonien wieder römisch, tatsächlich aber herrschten ab 456 die Ostgoten. Sie hatten einen Vertrag mit dem Oströmischen Reich geschlossen. Aus der Zeit um 470 kennen wir den gotischen Königssohn Vidimer, dessen Herrschaftsbereich sich auf das Gebiet zwischen Mecsek-Gebirge und Drau erstreckte. Ob diese Region auch zum Reich Theoderichs des Großen (gest. 526) gehört hat, kann nicht mit Sicherheit behauptet werden, da es für diese Zeit weder schriftliche noch archäologische Quellen gibt. Jedenfalls herrschten zwischen 526 und 568 auch im südlichen Pannonien die Langobarden. Von ihnen zeugt in der Umgebung von Fünfkirchen ein einziger Fund. 568 fielen die Awaren unter ihrem Khagan Bajan ein und errichteten für zwei Jahrhunderte ein eigenes Reich, zu dem auch das Gebiet zwischen Plattensee, Donau und Drau gehörte.

Über das Schicksal der Bewohner von Sopianae im 4.–6. Jahrhundert gibt es nur wenige Informationen. Viele dürften den Ort verlassen haben.

Die Nutzung der Cella septichora im 5. Jahrhundert zeigt aber, dass eine romanisierte, christliche Gemeinde in der verfallenden Stadt fortbestanden hat. Die Gräber aus dieser Zeit sind fast durchwegs ohne Beigaben, ein Hinweis auf die drückende Armut der Bewohner. Mit den Langobarden aber dürften die letzten Reste der christlich-antiken Bevölkerung nach Italien abgezogen sein. Wenn überhaupt, dann waren die frühere Römerstadt und ihr Umland in dieser Zeit äußerst dünn besiedelt. Außer den Awaren ließen sich in diesem Raum Slawen nieder. In Fünfkirchen stammen nur zwei Funde mit slawischem, germanischem und byzantinischem Inventar aus dieser Zeit.

Das awarische Khaganat brach am Ende des 8. Jahrhunderts unter den Schlägen Karls des Großen nach drei Kriegszügen – 791, 795 und 803 – zusammen, im Grenzgebiet wurde die Pannonische Mark als militärischer Vorposten des Frankenreiches eingerichtet. Zu Beginn des 9. Jahrhunderts kam auch das Gebiet, in dem Fünfkirchen liegt, unter karolingische Oberhoheit. Unter dem Patronat Ludwigs des Deutschen (840–876) entstand hier das sogenannte Plattensee-Fürstentum, auch Transdanubisches oder Pannonisches Fürstentum genannt. Es erstreckte sich von Pettau in der Untersteiermark bis zur Mündung der Drau in die Donau. An seiner Spitze stand Pribina, der 833 von den Großmährern vertriebene Fürst von Neutra. Er und sein Sohn und Nachfolger Kocel trieben die Christianisierung voran und leisteten einerseits der Mission durch die »Slawenapostel« Kyrill und Method Vorschub. Andererseits wurden sie aber auch vom bereits erwähnten Salzburger Erzbischof Liupram, einem Angehörigen der römischen Westkirche, unterstützt. Er weihte in ihrem Fürstentum 17 neue Kirchen, unter ihnen, wie bereits erwähnt, eine in »Quinque basilicae«.

Nach Kocels Tod 876 wurde das Fürstentum wieder dem Ostfrankenreich eingegliedert, dann gehörte das Gebiet zehn Jahre lang (884–894) zum Großmährischen Reich, schließlich wurde es von den Ostfranken an einen Fürsten Braslav verliehen, der Bratislava (Pressburg) seinen Namen gegeben haben soll.

Ungarische »Landnahme«

Die ab 895/896 nach Pannonien eindringenden magyarischen Stämme nahmen 901 auch das Plattensee-Fürstentum gewaltsam in ihren Besitz.

Eine konkrete Besiedlung der Region erfolgte aber erst unter dem Großfürsten Géza, der nach der Niederlage auf dem Lechfeld im Jahr 955 die
Reorganisation und Christianisierung des Stammesverbandes betrieben
hat. Über Fünfkirchen und sein Umland liegen aus dieser Zeit praktisch
keine Nachrichten vor, weder schriftliche noch archäologische. Die Tat-
sache aber, dass der Ort kurz nach der Gründung des mittelalterlichen
Königreichs zum Sitz eines neu gegründeten Bistums auserkoren wurde und die Cella septichora vielleicht als erste Bischofskirche gedient
hat, zeigt, dass die Traditionen christlichen Lebens an diesem Ort noch
lebendig waren.

QUINQUEECCLESIAE –
FÜNFKIRCHEN IM MITTELALTER

Das ungarische Mittelalter wird gemeinhin von den Jahren 1000 und 1526 eingegrenzt, mit der Gründung und mit dem Ende des Königreichs Ungarn. Die Reichsgründung erfolgte nach der Christianisierung der Magyaren und nach dem Umbau ihres Großfürstentums. Dabei wurden traditionelle Elemente der Stammesorganisation mit einer neuen Ordnung der Verwaltung und des Heeres nach dem Vorbild des Heiligen Römischen Reiches kombiniert. Am Weihnachtstag des Jahres 1000 wurde Stephan, dem Sohn des Großfürsten Géza, in Gran eine Krone aufs Haupt gesetzt. Papst Sylvester II. hatte sie ihm auf Betreiben von Kaiser Otto III. zugesandt. Kaiser und Papst verfolgten dabei das Ziel, das Heilige Römische Reich als eine christliche Staatengemeinschaft mit Anspruch auf Universalherrschaft zu erneuern.

Stephan, der später heiliggesprochen wurde, teilte sein Land nach römisch-deutschem Vorbild in Grafschaften ein, die Komitate (ungarisch: megye). Das kirchliche Leben organisierte er durch die Gründung von Erzbistümern und Bistümern. Wie im ottonischen Reich, stützte er sich bei der Verwaltung auf den Klerus, der des Schreibens und Lesens kundig war. Im südwestlichen Ungarn bestimmte er Fünfkirchen zum Zentrum eines Bistums. Das den Ort umgebende neue Komitat unterstellte er dem Burggrafen von Baranyavár. Erst im 13. Jahrhundert, als die administrative Rolle der Komitate wichtiger wurde als die militärische, wurde Fünfkirchen auch Verwaltungsmittelpunkt. Seit der Mitte des 15. Jahrhunderts waren die Bischöfe von Fünfkirchen zugleich Obergespane der Baranya, deutsch Branau, mit dem Titel eines Erbgrafen (comes perpetuus).

Wie im Römisch-deutschen Reich wurden bei der Auswahl der Bischofssitze Orte bevorzugt, die bereits in der Römerzeit als Stadt, als frühchristliches Zentrum und vielleicht auch als Bischofssitz eine Rolle gespielt hatten. Man spricht in diesem Zusammenhang von einer »sakralen Kontinuität«. Da die Städte während der Völkerwanderungszeit nämlich fast alle ruiniert worden waren, konnte von einer ununterbrochenen Fortdauer der Ortschaft und ihrer Bevölkerung hingegen nicht die Rede sein. Im Fall der Entscheidung für Fünfkirchen spielte zweifellos die Existenz der frühchristlichen Kapellen eine große Rolle, die noch bis ins 11./12. Jahrhundert genutzt wurden.

Das Bistum Fünfkirchen wurde am 23. August 1009 von Stephan I. nach seinem erfolgreichen Feldzug gegen die sogenannten Schwarzen Ungarn gegründet. Die aus diesem Anlass in Raab ausgestellte königliche Urkunde ist in einer späteren Abschrift (1404) erhalten geblieben. Zum Schutzpatron des Bistums wurde der Heilige Petrus erkoren, Paulus hingegen zum Patron des übergeordneten Erzbistums Kalocsa, das die südliche der beiden Kirchenprovinzen Ungarns bildete. Oberste Kircheninstanz des Landes war als Primas der Erzbischof von Gran. Der Franzose Bonipertus wurde vom König zum ersten Fünfkirchener Bischof bestimmt. Bereits um 1020 gründete er mit Unterstützung des Bischofs Fulbert von Chartres eine Domschule – ein sehr früher Beleg für das auch später in Fünfkirchen blühende Unterrichtswesen. Sein Nachfolger, der später heiliggesprochene Maurus, stammte aus Ungarn und war vor seiner Ernennung, 1036, Abt der Benediktinerabtei Martinsberg. Die erste Bischofskirche war entweder die Cella septichora, die bis zum Mongolensturm genutzt wurde, oder eine noch nicht ausgegrabene frühchristliche Basilika unter der heutigen Domkirche, vielleicht jene, die Erzbischof Liupram im 9. Jahrhundert geweiht hatte. Die Fünfkirchener Bischöfe waren Mitglieder des königlichen Rates und bekleideten oft wichtige Ämter bei Hofe, einige waren sogar Kanzler des Reiches.

In der vergleichsweise kleinen, aber bevölkerungsreichen Diözese bestanden in den 1330er-Jahren über 500 Pfarreien, die in acht Archidiakonate gegliedert waren. Um die Mitte des 14. Jahrhunderts war der Bischof von Fünfkirchen mit einem Jahreseinkommen von etwa 10.000 Goldgulden der reichste unter den ungarischen Prälaten. 1495 gehörten ihm rund 3.000 Bauernhöfe und damit etwa ein Fünftel des landwirtschaftlich nutzbaren Gebietes im Komitat Baranya. Die Wirtschaftsverwaltung oblag dem in Fünfkirchen amtierenden Provisor. Auf den Besitzungen selbst standen ihm Offiziale zur Seite. Die bischöfliche Kanzlei wurde von öffentlichen Notaren geleitet. Der erste namentlich bekannte war im letzten Viertel des 14. Jahrhunderts Nikolaus von Cremona, der je eine Domherrenstelle in Fünfkirchen und in Aquileja innehatte. Er trug den angesehenen Titel eines »publicus Apostolica et Imperiali auctoritate notarius«.

Wohlhabend waren auch die Kanoniker des Domkapitels, das um 1200 seine kirchenrechtliche Autonomie erhalten hatte. Um 1500 besaß diese Körperschaft rund 130 Untertanensiedlungen. Dank dieser Einkünfte konnten Bischof und Klerus von Fünfkirchen bald den Bau eines Domes

in Angriff nehmen und den Bischofssitz mit einer eigenen Burg befesti-
gen. An die Burg schloss sich die mittelalterliche Stadt an.

Der Dombau wurde vermutlich unter Bischof Maurus mit Unterstützung von König Peter Orseolo, dem Nachfolger Stephans des Heiligen,
um 1040 begonnen. Dieser, ein Sohn des Dogen von Venedig und der
Tochter von Großfürst Géza, hat wohl italienische Bauleute bevorzugt,
die eine romanische Basilika errichteten. Über deren Ausmaß können wir
uns anhand der erhalten gebliebenen, fünfschiffigen Krypta unter dem
heutigen Dom ein Bild machen. In dieser Basilika wurde König Peter I.
1046 beigesetzt. Er hatte eine Zentralisierung des Reiches zulasten der
hohen Barone und Prälaten versucht und musste sich, um der innenpolitischen Opposition Herr zu werden, dem römisch-deutschen Kaiser Heinrich III. als Vasall unterwerfen. Das brachte seine Popularität geradezu
auf den Nullpunkt, auch die ungarische Historiographie straft ihn deshalb
bis heute mit Verachtung. Peter wurde von seinen Gegnern besiegt und
geblendet. Er starb an den Folgen dieser Verletzungen in Stuhlweißenburg, sein Leichnam wurde nach Fünfkirchen überführt. Die Ungarische
Bilderchronik berichtet darüber und erwähnt in diesem Zusammenhang
erstmals den neuen Dom. Peters Grabmal ist leider nicht erhalten geblieben, sodass auch die letzte Ruhestätte des einzigen in Fünfkirchen beer-
digten ungarischen Königs nicht bestimmt werden kann.

Zu Ostern 1064 wurde im Dom zu Fünfkirchen die Versöhnung zwischen dem neuen König Salomon und den Söhnen seines Vorgängers, Königs Béla I., öffentlich zelebriert. Sie sollte den Zwistigkeiten ein Ende
setzen, die eigentlich seit Stephans I. Tod zwischen Mitgliedern der herrschenden Dynastie geführt wurden – die Thronfolge war nämlich nicht
klar geregelt worden. Die einen wollten nach dem Prinzip des Seniorats
den ältesten Arpaden zum König, die andern nach der heute meist üblichen Primogenitur dem erstgeborenen Sohn des verstorbenen Herrschers
zur Macht verhelfen. Dahinter standen verschiedene Gruppierungen des
Hochadels und des Klerus mit ihren handfesten Interessen – aber auch
ausländische Mächte wie das Römisch-deutsche Reich, das Ungarn dem
eigenen Macht- und Einflussbereich vollständig eingliedern wollte. Man
scheute vor Bürgerkrieg, Mord und Verstümmelung der Gegner nicht zurück, selbst Brüder und Vettern wurden nicht geschont, wie das Schicksal
Peters I. Orseolo gezeigt hatte. Nun also sollte Salomon I., der bereits als
Kind gekrönt worden war, nach längeren innerfamiliären Auseinandersetzungen und im Beisein seiner Vettern, gegen die er kurz zuvor noch

mit Unterstützung des römisch-deutschen Kaisers Krieg geführt hatte, nochmals die Reichskrone aufs Haupt gesetzt werden. Ein Signal für den innenpolitischen Frieden nach Jahren der Thronwirren sollte von hier ausgehen. Doch in der Nacht brach eine Feuersbrunst aus, die den Dom, den Bischofspalast und weitere Gebäude verzehrte. Das war auch kein gutes Vorzeichen für den Frieden, der nur wenige Jahre währen sollte. Die ungarische Bilder-Chronik vermerkt zu diesem Ereignis:

»*Die Auferstehung des Herrn haben sie mit dem ganzen Hofvolk zusammen gefeiert. Hier wurde König Salomon in Anwesenheit der Exzellenzen am Ostersonntag durch die Hand des Herzogs Géza gekrönt. Danach wurde er würdevoll in die Kirche des ersten Bekenners Jesu, St. Petrus, geleitet, um einem Gottesdienst beizuwohnen. (…) In der darauffolgenden Nacht jedoch erschien das Vorzeichen der künftigen Zwietracht und Unordnung. Denn die ganze Basilika, das ganze Palais und die dazugehörenden Gebäude gingen plötzlich in Flammen auf, nach dem fürchterlichen Brand stürzte alles ein. Jeden packte die Angst wegen des furchtbaren Lärms, den die Feuerflammen verursachten, und des Gedröhns der herunterstürzenden Glocken.*« (1)*

Erst unter König Ladislaus I., dem späteren Heiligen, der ab 1077 regierte, kehrten wieder Ruhe und Ordnung ein. Das Land konnte sich endlich wirtschaftlich erholen und außenpolitisch als eigenständige Kraft auftreten. Dom und Bischofspalast von Fünfkirchen wurden in dieser Zeit wieder aufgebaut: eine dreischiffige romanische Pfeilerbasilika ohne Querschiff mit einer Chorapsis über der Krypta. Die Türme an den westlichen und an den östlichen Ecken wurden erst gegen Ende des 12., die Wandmalerei zu Beginn des 13. Jahrhunderts fertiggestellt. Nach relativ kurzer Zeit wurde auch dieses Bauwerk während des Mongolensturms von 1241/42 weitgehend zerstört. Der Wiederaufbau, für dessen Finanzierung Papst Clemens VI. einen Ablass gewährte, wurde erst 1345 beendet. Das neue spitzbogige Gewölbe war ebenso wie die Wandmalerei im gotischen Stil gestaltet, 26 Nebenaltäre zeugen von der Größe und Bedeutung der Bauwerks. Zumindest zwei Diözesansynoden, die Versammlungen des Klerus des Fünfkirchener Bistums, fanden 1456 und 1515 in diesem Bau statt, über weitere sind keine Quellenbelege erhalten geblieben.

An die Südseite schloss sich das mittelalterliche Domkloster an, dessen Kreuzgang kürzlich mittels Radaruntersuchungen identifiziert werden

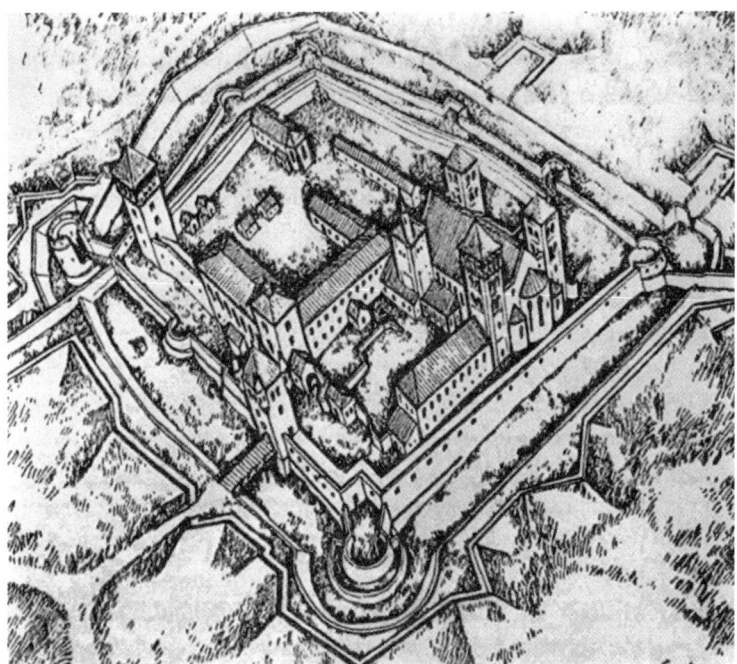

Abb. 4: Vogelperspektive der Fünfkirchener Festung im 17. Jahrhundert. Der süd-
westliche Turm lässt eine Nutzung als Minarett erkennen. (Rekonstruktionsskizze:
Gyula Gosztonyi).

konnte. Ein letzter Umbau dieses Gotteshauses wurde unter Bischof Sigismund Ernuszt gegen Ende des 15. Jahrhunderts durchgeführt, der – wie
bereits sein Vater Johann – trotz der jüdischen Herkunft Schatzmeister
des Königreichs war. Chor und Hauptschiff wurden mit einem spätgotischen Gewölbe versehen. Danach konnte eine neue Wandmalerei angebracht werden. Im Jahre 1500 setzte sich der Papst höchstpersönlich dafür
ein, dass der Kirchenmaler, Bruder Jakob, der Mönch, während seiner Arbeit am Dom im benachbarten Bischofspalast leben durfte.

Das Fünfkirchener Domkapitel war seit 1214 einer der glaubwürdigen
Orte Ungarns, eine der Stellen, an denen Besitzurkunden bestätigt oder
erneuert, Kauf- und Verkaufsgeschäfte schriftlich festgehalten werden
konnten – also eine zentrale Anlaufstelle für weite Landstriche des Reiches.
Entsprechend zahlreich waren die Besucher, für die das mit dem Chor der
Kathedrale verbundene Kapitelhaus im östlichen Flügel der neuen Klosteranlage, das spätere »Aedes Sacmarianae«, eingerichtet wurde.

Für die 1217 erstmals erwähnte Propstei, die ebenfalls innerhalb der Bischofsburg wirkte, wurde im nordwestlichen Teil eine weitere, Johannes dem Täufer gewidmete Kirche gebaut. Auch diese wurde nach dem Mongolensturm restauriert und schließlich mit einem Westturm versehen. Der Dompropst selbst baute sich ein stattliches gotisches Steinhaus in der Oberen Kapitelsgasse, das heute das Zsolnay-Museum beherbergt.

Unter den Kapellen im Burgareal ragte jene der Goldenen Maria (Capella deaurata Beatae Mariae Virginis) heraus. Sie wurde allerdings, wie so viele andere Bauten Fünfkirchens, im 16./17. Jahrhundert zerstört. Sie war wohl die Grablege der Fünfkirchener Bischöfe, wurden hier bei archäologischen Grabungen doch unter anderem Fragmente der Grabdenkmäler der Bischöfe Nikolaus (gest. 1360), Wilhelm von Koppenbach (gest. 1373) und Sigismund Ernuszt (gest. 1505) gefunden.

Der älteste Bischofspalast ist durch den Brand von 1064 zerstört worden. Der Nachfolgebau wurde in den ersten Jahrzehnten des 14. Jahrhunderts in Mitleidenschaft gezogen, sodass er um 1330 repariert und in gotischem Stil umgebaut werden musste. Schließlich trat an seine Stelle – vielleicht erst unter Bischof Szatmári in der ersten Hälfte des 16. Jahrhunderts – ein neuer Palast im Renaissance-Stil. An dessen südöstlicher Ecke stand ein vermutlich älterer Torturm, der auf der ersten bekannten Abbildung der Burg, einer Federzeichnung über die Belagerung von Fünfkirchen 1686/87, zu sehen ist.

Dom, Kathedrale, Kapitel und Palast wurden wohl schon vor dem Mongolensturm durch eine Befestigung geschützt. Sie dürfte aus Palisaden bestanden haben, da sie den Angreifern nicht standgehalten hat. Jedenfalls wurde damals das Archiv des Domkapitels vernichtet, worauf in mehreren späteren Urkunden Bezug genommen wird. Unter den Bischöfen Job von Záh und Paul Széchi von Balogh, die zwischen 1250 und 1306 amtierten, wurde dann eine aus Stein gemauerte Bischofsburg gebaut, die den sakralen Komplex verteidigen sollte. Gleichzeitig sollte sie aber auch den außerhalb wohnenden Domherren und der Stadtbevölkerung Schutz bieten. Die rechteckige Anlage wurde in der zweiten Hälfte des 14. Jahrhunderts ausgebaut und mit Verteidigungstürmen versehen. Sie widerstand mehreren Belagerungen. Als die Gegner des neuen Königs Sigismund von Luxemburg die Stadt 1387 in ihren Besitz nahmen, konnten sie die Burg nicht erobern. Ein weiterer und letzter Ausbau der Burg erfolgte – wie der Hofchronist von König Matthias Corvinus berichtet – im letzten Viertel des 15. Jahrhunderts unter Sigismund Ernuszt, der sein Wappen 1498 über dem südlichen Torbogen anbringen ließ – ein Stein, der erhalten geblieben ist. Auch zwei runde Bastei- und Tortürme, die Barbakane, wurden damals errichtet. Der eine, westliche, ist erhalten und gilt als ein Wahrzeichen von Fünfkirchen. Der zinnenbewehrte Turm hat 1,40 Meter dicke Mauern und kreuzförmige Schießscharten. Nach Norden öffnete sich ein rundbogiges Tor, dessen Zugbrücke über den Burggraben führte. Als die Feuerwaffen aufkamen, half diese Burganlage wenig, da sie von den benachbarten Weinbergen aus beschossen werden konnte.

Die Verteidiger wurden von einem Kastellan (castellanus ecclesiae Quinqueecclesiensis) angeführt. Dieser war stets ein Gefolgsmann, ein »Familiare« des Bischofs, und am Ende des 15. Jahrhunderts als Vizegespan auch dessen Stellvertreter im Komitat Baranya. Als solcher siegelte er auch Urkunden. Auch ein Mobilisierungsbefehl des Kastellans für das königliche Aufgebot ist erhalten geblieben. Die meisten unter den 27 bekannten Kastellanen waren niedere Adlige aus der Diözese; zwei wurden 1472/73 von König Matthias Corvinus eingesetzt, nachdem sich Bischof Janus Pannonius einer Verschwörung gegen ihn angeschlossen hatte. Der Kastellan sorgte für die Instandhaltung der Burg, für eine ausreichende Besatzung, für den Schutz gegen die eigenen Untertanen in Stadt und Umland. Im Kriegsfall stand er an der Spitze des bischöflichen Aufgebots, des Banderiums. Ein solches, vom damaligen Kastellan Gregor von Bóly geleitet, wurde 1422/1423 von König Sigismund gegen die Hussiten eingesetzt. 1498 war der Bischof von Fünfkirchen verpflichtet, 400 Reiter in das königliche Heer zu entsenden. Sogar der Zigeunerbaron (vajvoda Pharaonum) wurde 1496 ins Aufgebot bestellt; 25 Zigeunerzelte beherbergten Handwerker, die Kugeln und anderen Kriegsbedarf für das Banderium des Bischofs Sigismund Ernuszt produzierten.

Bischofsstadt

Die Handwerker- und Kaufmannssiedlung im Schutze der Bischofsburg entwickelte sich im 14. Jahrhundert zur Stadt. Ihre Topographie weist sie als eine typische Residenzstadt aus, die vor allem von der Belieferung des Bischofs, der Kleriker, der Hofhaltung und der Besatzung mit Gewerbeprodukten und Handelswaren lebte. Die Burg bot Schutz, dominierte aber auch den Ort, dessen Bewohner Untertanen des Bischofs waren. Es ist nicht bekannt, wann Fünfkirchen zur Stadt erhoben worden ist. Sie wurde nach dem Mongolensturm mit Mauern umgeben – ein sicheres Zeichen für die Stadtwerdung.

Die Mauern, die sich an die Bischofsburg anschlossen, umfassten ein fast rechteckiges Gebiet von rund 69 Hektar. Das Straßennetz richtete sich – wie in vielen anderen Handelsstädten – an den Hauptstraßen aus: von Ost nach West die Ofener und die Szigeter oder Franziskanergasse, von Süd nach Nord die Kapuziner- und die Kaposwarer Gasse. Diese führten jeweils zu den Stadttoren und trafen sich auf dem zentralen Marktplatz, dem späteren Dreifaltigkeitsplatz. Sie teilten den Ort in vier Stadtviertel, die meist nach den dort gegründeten Klöstern benannt wurden. Die Forschung konnte nur die Namen von sechs Straßen Fünfkirchens in den mittelalterlichen Urkunden finden, nimmt aber an, dass es insgesamt fünfzehn waren. Die älteste ist die bereits 1379 erwähnte Franziskanergasse. Auch eine Deutschengasse soll es gegeben haben. Sie wird 1444 in einer Verkaufsurkunde erwähnt, der zufolge eine Witwe mit dem ungarischen Namen Zsuskó ihr Haus im »vicus Theutonicali« für nicht weniger als 440 Gulden an den »institor« Emmerich verkaufte. Das Haus lag neben jenem der Witwe nach Meister Albertus Italicus – so »deutsch« waren die Bewohner dieser Straße also nicht. Im nordwestlichen Viertel, das 1379 »Owar«, also Altstadt, genannt wurde, standen in unmittelbarer Nähe der Bischofsburg die Häuser der Domherren.

Anfang des 14. Jahrhunderts richtete König Karl I. Robert in Fünfkirchen eine Münzprägestelle ein. Auch ein Kammergraf, der die Einkünfte aus den Regalien, also vor allem aus den Bodenschätzen der Umgebung, verwaltete, residierte seitdem in der Stadt. Das trug wesentlich zum Aufblühen des Ortes bei, der in dieser Zeit gewiss schon eine »civitas« gewesen ist. Obwohl die Stadt unter der Herrschaft des Bischofs und des Domkapitels stand, verwalteten sich ihre Bürger selbst. Ein jährlich gewählter Stadtrichter und zwölf Geschworene, die ein eigenes Siegel mit der Umschrift »Sigillum Civitatis Quinqueecclesiensis« führten und in einem turmbewehrten Rathaus tagten, leiteten die Geschicke der Einwohnerschaft. Neben Ungarn aus dem Umland bestand diese aus »hospites«, also Gastsiedlern, die nach 1242 in die Stadt gerufen wurden und eigene Rechte erhielten. Es waren Deutsche, aber auch Italiener, Franzosen und Wallonen, die lange Zeit die Führungsschicht bildeten. Handelsbeziehungen sind zu Wien, Köln, Venedig und Ofen belegt. Petrus Ransanus, der im Auftrag der Königin Beatrice für Matthias Corvinus eine Landesbeschreibung Ungarns verfasst hat, bezeichnete Fünfkirchen als Mittelpunkt des Handels und »nobile totius regionis emporium« (2). Unter den Handwerkern waren Goldschmiede, Schneider, Kürschner, Metzger, Müller, Gerber und Töpfer am stärksten vertreten. Insgesamt sollen in der Stadt um die Mitte des 15. Jahrhunderts 5.000 bis 6.000 Einwohner gelebt haben, dazu 260 bis 300 Kleriker und eine unbestimmte Zahl von Angehörigen der städtischen Unterschicht.

Liest man aber die Berichte aus der ersten Hälfte des 16. Jahrhunderts, dann drängt sich doch das Bild einer Ackerbürgerstadt auf, die insbesondere vom Weinbau und von der Verarbeitung der landwirtschaftlichen Produkte aus dem Umland lebte. Zwar wird Fünfkirchen »zu den ersten Städten des Reiches« gezählt, doch wird vor allem von den »edelsten Weinen« und »dem Überfluss an allen Fleischgattungen wie auch an Fischen« geschwärmt, »die um den billigsten Preis zu bekommen sind« (3), sowie von den fruchtbaren Äckern und den vierzig Mühlen berichtet, die der Tettyebach in Bewegung setzte. Wichtig war der Ort eher als Stätte der Bildung und der Kultur, wurde doch die »Leutseligkeit und Bildung der Fünfkirchner« als »so ausgezeichnet« angesehen, dass man die Stadt »mit Fug und Recht Athen nennen hätte können« (4).

Über die medizinische Versorgung wissen wir wenig. Der namentlich bekannte Leibarzt des Bischofs Sigismund Ernuszt, Dr. Johann Heidentrich aus Erfurt, dürfte sich nicht um die städtischen Bewohner gekümmert haben. Die Existenz einer Apotheke, die der Domherr Petrus betrieben hat, deutet aber darauf hin, dass es auch einen Stadtphysikus gegeben haben mag. Die wichtigste Rolle spielte aber das Hospital zum hl. Bartholomäus (später zur hl. Elisabeth), das 1333 erstmals erwähnt wird, vermutlich aber älter war. Auch ein öffentliches Bad gab es schon um 1400, eine von sechs als »stubarii« bezeichneten Bademeistern betriebene »stuba«, eine Bezeichnung, die auf deutsche Inhaber der Anstalt schließen lässt.

Die Stadt machte mit zahlreichen Kirchen, Klöstern und Kapellen ihrem Namen alle Ehre. Als Stadtpfarrkirche könnte zunächst die Cella septichora gedient haben, nachdem diese ihre Funktion als Bischofskirche an den neu errichteten Dom abgegeben hatte. Nach dem Mongolensturm wurde für die städtische Neugründung auf dem Marktplatz die Stadtpfarrkirche errichtet, die dem heiligen Bartholomäus geweiht war. An ihr wurde in drei Phasen bis zum Ende des 15. Jahrhunderts gebaut; es entstand eine dreischiffige Kirche im spätgotischen Stil. In der Nähe des südlichen Stadttores stand die Hl.-Benedikt-Kirche, um die ein kürzlich ausgegrabener mittelalterlicher Friedhof angelegt wurde. Südlich der Bischofsburg stand eine Stephanskapelle, die auch von einem mittelalterlichen Gräberfeld umgeben war. Bischof Bartholomäus, der aus Burgund im Gefolge von Jolanthe, der Gattin König Andreas' II., nach Ungarn gekommen war, seit 1219 dem Bistum Fünfkirchen vorstand, den Mongolensturm überlebte und 1254 hochbetagt starb, gilt als Begründer des Paulinerordens, der einzigen auf ungarischem Boden entstandenen Mönchsgemeinschaft, die bis heute besteht. Es handelte sich um den Zusammenschluss mehrerer Einsiedlergemeinschaften, die den Namen Pauls, des ersten Eremiten, annahmen. Auf dem Jakobsberg über der Stadt wies Bartholomäus ihnen 1225 einen Platz für Kloster- und Kirchenbau zu, deren Fundamente zusammen mit den Spuren einer illyrisch-keltischen Erdburg kürzlich freigelegt worden sind. Im Umland war das Jakobskloster zu Patacs das bedeutendste. Der Generalprior des Ordens residierte im Ofener Laurentiuskloster; das heute bekannteste Paulinerkloster wurde 1382 im polnischen Marienwallfahrtsort Tschenstochau gegründet.

Vier Bettelorden ließen sich im Mittelalter in Fünfkirchen nieder, ein deutlicher Hinweis auf die Urbanität des Ortes: Die Dominikaner gründeten bereits 1238 im südöstlichen Stadtviertel ein Kloster. In der Nähe des Szigeter Tores bauten die Franziskaner ab 1301 ein Kloster mit dazugehöriger Kirche. Im Südosten der Stadt wies Bischof Wilhelm von Koppenbach 1372 den Karmelitern ein Grundstück zu, auf dem sie ihr Ordenshaus errichten konnten. Ein Prior dieses Klosters war der aus Wien stammende Veit Hündler, der dann als Titularbischof von Widin auch Weihbischof von Fünfkirchen wurde und eine interessante Briefsammlung hinterlassen hat, die in der Bibliothek zu Klosterneuburg aufbewahrt wird. Darin schildert er auch einen frühen ungarisch-deutschen Konflikt innerhalb des Konvents: Die ungarischen Mönche hatten sich um 1450 geweigert, künftig deutsche Klostervorsteher zu akzeptieren, mussten sich aber dann dem Druck der Ordensoberen beugen. Auch berichtet Hündler – vielleicht mit tendenziöser Absicht – über die Völlerei und Unzucht, der sich die Mönche hingegeben hätten.

In dem außerhalb der Mauern liegenden Mühlviertel, auch Ofener Vorstadt genannt, wurde im 12./13. Jahrhundert eine eigene, allen Heiligen geweihte dreischiffige Pfarrkirche errichtet. In deren Nähe ließen sich die Augustiner-Eremiten und die Dominikanerinnen nieder. Auch die Fronleichnamskapelle (capella corporis Christi extra muros Quinqueecclesiense) stand in diesem Bereich und spielte vor allem bei den jährlichen Prozessionen eine wichtige Rolle.

Erste Universitätsstadt Ungarns

Unter Karl I. Robert und Ludwig I., dem Großen, den beiden Königen aus dem Hause Anjou, erlebte Ungarn eine wirtschaftliche, politische und kulturelle Blütezeit. Lange Jahre der politischen Stabilität förderten die wirtschaftliche Entwicklung, das außenpolitische Ansehen des Königreiches wuchs und erreichte unter Ludwig, der auch König von Polen wurde, einen Höhepunkt. In diese Zeit fällt auch die Gründung der ersten Universität auf ungarischem Boden, ein für die Stärke und Bedeutung des mittelalterlichen Königreichs repräsentativer Akt. Es sollte die 40. Gründung in der Geschichte des mittelalterlichen Hochschulwesens in Europa werden.

Dem Fünfkirchener Bischof Wilhelm von Koppenbach, als Kanzler Ludwigs des Großen der einflussreichste Prälat am Hofe des Königs, ist es gelungen, seiner Stadt zu dieser Ehre zu verhelfen. Er hatte wohl den Hintergedanken, dass daraus nicht nur Prestige, sondern auch wirtschaftliche Vorteile erwachsen werden. Auf Wunsch des Königs erließ Papst Urban V. am 1. September 1367 eine Bulle, die von der besonderen Rolle einer Universität in der mittelalterlichen Welt zeugt. Zugleich enthielt diese Urkunde aber auch Einschränkungen des Lehrplans, da das im französischen Avignon residierende Kirchenoberhaupt die Vorrangstellung der Pariser Universität bei der theologischen Ausbildung bewahren sollte. Auch die Universitätsgründungen in Krakau und Wien wurden nur mit der Einschränkung genehmigt, dass keine Theologische Fakultät eingerichtet wird. Wegen des für die Stadt- und Bildungsgeschichte von Fünfkirchen so wichtigen Inhalts geben wir im Folgenden die zentralen Passagen dieser nur in Kopie erhalten gebliebenen lateinischen Urkunde in einer deutschen Übersetzung wieder:

»Da uns vor Kurzem in der Ratssitzung im Namen unseres lieben Sohnes in Christo, Ludwig, des erhabenen Königs von Ungarn, vorgetragen wurde, dass der König, der sich nicht nur um den Nutzen und Fortschritt seines Landes und der Einwohner des Königreiches Ungarn, sondern auch um den der anderen, benachbarten Provinzen in lobens-

werter Weise bemüht, in der Stadt Fünfkirchen, die in dem genann-
ten Lande liegt, und die unter den anderen hervorragt und zu diesem
Zweck am geeignetsten ist, durch den Apostolischen Stuhl eine Universi-
tät mit allen zugelassenen Fakultäten errichten und verordnen zu lassen
wünscht, damit dort der Glaube verbreitet, die Urteilskraft wachse und
der menschliche Verstand zunehme, (…) bestimmen und verordnen wir,
den Bitten des genannten Königs Gehör schenkend, auf den Rat unserer
Brüder, dass in der genannten Stadt Fünfkirchen von nun an eine Uni-
versität bestehe, dort in ewige Zeiten gedeihe, sowohl mit einer kirchen-
und bürgerrechtlichen wie auch mit jeder anderen zugelassenen Fakultät
– mit Ausnahme der theologischen –, und dass die Vortragenden und die
Studenten sich daselbst aller Privilegien, Freiheiten und Immunitäten
erfreuen und bedienen, die den Doktoren, Vortragenden und Studenten
auf den Universitäten gebühren; und dass diejenigen, die an irgendeiner
Fakultät ihre Studien erfolgreich beendet haben und um die Erlaubnis
bitten, andere zu unterrichten und den Doktoren- oder Magistertitel
zu tragen, durch die Doktoren oder den Doktor und durch die Magister
oder den Magister jener Fakultät, in der das Examen abgehalten wur-
de, dem jeweiligen Bischof von Fünfkirchen oder, falls der bischöfliche
Stuhl unbesetzt ist, dem Vikar oder Offizial des Kapitels unserer lieben
Söhne in derselben Kirche vorgestellt werden. Der Bischof aber oder der
Vikar oder der Offizial versammle die an der betreffenden Fakultät zu
der Zeit wirkenden Doktoren und Magister und prüfe selbst oder durch
andere gewissenhaft die Kandidaten in allen zur Magister- oder Dok-
torpromotion erforderlichen Kenntnissen nach der Art und Gewohnheit,
wie es auf den Universitäten üblich ist, und verleihe ihnen, wenn sie sich
als geeignet zeigen, die Lehrbefugnis und den Doktor- oder Magisterti-
tel. Diejenigen aber, die in der genannten Stadt die Prüfung bestanden
und die Lehre wie auch den Titel erhalten haben, können ohne neues
Examen und neue Zulassung sowohl in der genannten Stadt wie an
allen anderen Universitäten, wo sie wollen, frei und voll sich betätigen
und lehren, worin sie durch keine, auch vom Papst oder von anderen
bestätigten entgegengesetzten Verordnungen oder Gewohnheiten gehin-
dert werden können. Wir wollen, dass die Magister und Doktoren, die
an dieser Universität lehren werden, von dem jeweiligen ungarischen
König mit entsprechender Dotation versehen werden, sonst ist die vor-
liegende Urkunde entkräftet und nichtig.« (5)

Abb. 5: Papst Urban V. genehmigt die Gründung der Universität Fünfkirchen. Beglaubigte Kopie der Bulle vom 1. September 1367.

Leider sind sehr wenige Quellen zur Geschichte der Universität erhalten geblieben und leider hatte sie auch keinen langen Bestand. Der Hörsaal stand wohl im Kapitelhaus auf der Burg, wo auch die seit dem 11. Jahrhundert bestehende Domschule angesiedelt war. In einem Münchener Kodex sind mehrere Vorlesungen zu finden, von denen man lange angenommen hatte, dass sie am »Studium generale« von Fünfkirchen in den Jahren 1370 bis 1380 gehalten worden sind: die »Sermones compilati in studio generali Quinqueecclesiensi in regno Ungarie«, unter ihnen Lebensbeschreibungen Stephans des Heiligen, Ludwigs des Großen und der Heiligen Elisabeth von Thüringen. Neuere Forschungen stellen diese Annahme leider in Zweifel. Paul, ehemals Propst zu Hermannstadt, wurde hier zum Doktor beider Rechte promoviert und lehrte dann an der Rechtsfakultät der Fünfkirchener Universität. Einer der bedeutendsten Studenten dieser Universität war der aus Nürnberg stammende Hermann Lurcz, der 1379 nach Prag zog und ins dortige »Liber decanorum« als aus Fünfkirchen kommend eingetragen wurde, ab 1395 Medizin und Theologie an der Universität Erfurt lehrte und 1396 deren Rektor wurde.

Wir erfahren aus anderen Quellen, dass die Vorgabe des Papstes, die Fünfkirchener Professoren angemessen zu bezahlen, eingehalten wurde. Die Dotation des vermutlich ersten Rektors der Universität, des Bologneser Rechtsgelehrten Galvano Bettini, war mit 600 Goldgulden nebst einem Untertanendorf achtmal höher als jene eines Krakauer Professors. Auch ein Haus wurde ihm geschenkt, das an prominenter Stelle neben den Häusern des Archidiakons von Tolna, jenem eines Kaufmanns aus Padua und jenem eines Lederermeisters wohl auf dem Marktplatz stand. Ganz offensichtlich gab es eine Konkurrenz zwischen den verschiedenen Universitätsstädten und man war bestrebt, sich die renommiertesten und den eigenen Glanz auf die Universität abstrahlenden Persönlichkeiten durch hohe Gehaltszusagen zu erkaufen. Bezahlt wurde Bettini vom Bischof, nicht vom König. Das zeigt, wie intensiv der Prälat, der sich höchster innen- wie außenpolitischer Anerkennung erfreute, für die Verwirklichung seines Planes eingetreten ist. Wilhelm von Koppenbach, dessen Wappen heute das Universitätssiegel ziert, stammte aus dem Römisch-deutschen Reich, höchstwahrscheinlich aus der Pfalz. Vermutlich gehörte er einer verarmten Adelsfamilie namens Coppenbecher an, die im Dienste der Pfalzgrafen von Zweibrücken stand. Er studierte entweder in Paris oder in Bologna, bekam danach eine Pfarrpfründe in dem damals zu Zweibrücken gehörenden Bergzabern und wurde Domkapitular von Speyer. Erzbischof Balduin von Trier aus der Dynastie der Luxemburger, der zweitweise auch das Bistum Speyer verwaltete, hat ihn wohl seinem Neffen, Kaiser Karl IV., empfohlen. Dieser traf sich im Mai 1353 in Ofen mit Ludwig dem Großen und dieser hat offenbar den talentierten Jüngling abgeworben. 1357 erscheint Wilhelm in einer Urkunde als »secretarius et predilectus consiliarius«, als Sekretär und bevorzugter Ratgeber König Ludwigs I. 1358 wurde er dessen Kanzler und damit oberster Verwalter – heute würde man Minister sagen – des ungarischen Reiches. 1361 wurde ihm das Fünfkirchener Bistum übertragen. Sein Kanzleramt behielt er aber und vertrat die Interessen des Königs mehrmals auf diplomatisch wichtigen Auslandsreisen, auch bei der päpstlichen Kurie in Avignon.

Sein Lebenswerk, die Universität von Fünfkirchen, hatte leider nur kurzen Bestand. Sie wurde nach Koppenbachs und Ludwigs I. Tod nicht mehr gefördert und ist noch vor 1400 sang- und klanglos untergegangen. Als 1395 die Universität in Alt-Ofen gegründet wurde, bestand die Fünfkirchener offenbar nicht mehr. Eine in den 1430er-Jahren erwähnte »schola maior«, die offenbar in der Tradition der Universität stehen wollte, war eigentlich nicht mehr als eine Kapitelschule. Den weiteren Universitätsgründungsversuchen unter Sigismund von Luxemburg in Alt-Ofen und unter Matthias Corvinus in Pressburg blieb die Nachhaltigkeit gleichfalls versagt. Die ungarischen Jugendlichen studierten fortan wieder im Ausland, vornehmlich in den nahen Universitätsstädten Wien, Krakau und Prag, wo sie die »ungarische Nation« unter der Hörerschaft bildeten, aber oft auch in Padua und Bologna. Glanz verliehen Fünfkirchen einige seiner herausragenden Bischöfe: die einen, wie schon erwähnt, als Bauherren, die anderen als Politiker – und einer als Dichter, der an seinen politischen Ambitionen gescheitert ist.

Janus Pannonius

Die wohl bekannteste Persönlichkeit Fünfkirchens aus der Zeit vor 1526 ist der schon mehrmals erwähnte Janus Pannonius. Er wurde 1434 in Csezmicze, einem Ort an der Mündung der Drau in die Donau, geboren. Seine Mutter war eine Schwester von Johannes Vitéz de Zredna; dieser war einer der bedeutendsten und einflussreichsten Prälaten Ungarns im 15. Jahrhundert, der dem Humanismus und der Renaissance in seinem Reich zum Durchbruch verholfen hat. Mit dessen Aufstieg und Fall ist das Leben von Pannonius eng verknüpft. Vitéz wurde 1445 Bischof von Wardein, während der Regentschaft Johannes Hunyadis als Reichsstatthalter dessen Privatsekretär, schließlich Erzieher des Statthaltersohnes Matthias, des späteren Königs, und Kanzler des ungarischen Reiches. 1465 stieg er zum Erzbischof von Gran auf.

Vitéz schickte seinen Neffen 1447 zur Schule nach Ferrara, wo Janus, der sich in Erinnerung an seine Heimat den Namen Pannonius zulegte, sieben Jahre verbrachte und sich eine außergewöhnliche griechisch-lateinische Bildung aneignete. Bald brillierte er als Dichter mit spöttischen, oft gesellschaftskritischen, aber auch schlüpfrigen Epigrammen, die ihn über Italien hinaus bekannt machten. Danach studierte Janus in Padua und wurde Doktor beider Rechte. 1458, als Matthias Corvinus zum ungarischen König gewählt wurde, kehrte er in die Heimat zurück und begann eine steile Karriere, zunächst als Domherr in Wardein, ab 1459 als Bischof von Fünfkirchen und Leiter der königlichen Kanzlei. Statt der verspielten Epigramme schrieb er nun Gedichte und vor allem – als spezifische Dichtungsgattung – Elegien. Seinem König setzte er in einem Gebet ein Denkmal, das fast wie eine Beschwörung klingt: Es sollte Matthias Corvinus auf seine ihm zugedachte Hauptaufgabe, die Verteidigung des Landes gegen die heranrückenden Osmanen, hinweisen, die sein Vater Johannes Hunyadi so bravourös wahrgenommen hatte:

Gebet an die Götter für König Matthias

Matthias hebt die Fahnen gegen Türken,
Der ganze Himmel stehe ihm nun bei.
Die Keule gib ihm, Herkules, du Mars,
Dein Schwert, Athene, deinen Schlangenschild.
Vulcanus, schmiede einen festen Panzer
Wie für Aeneas einstmals und Achill.
Du, Jupiter, beschütze mit dem Schild
Vor jeder Wunde ihn in Kampf und Streit.
Wenn ihr jedoch in Muße leben wollt,
So sendet von der Burg allein den Vater,
Er wäre seinem Sohn der beste Schutz,
Vom Himmel schleuderte er dann den Blitz. (6)

Die Sorge um seine Heimat bestimmte sein Wirken als Bischof und Staatsmann, wohl auch weil er in Fünfkirchen die osmanische Bedrohung unmittelbarer wahrnahm als sein König. Dieser konzentrierte sich auf Prestigekämpfe gegen Kaiser Friedrich und auf eine aggressive Westpolitik, statt das Werk des Vaters fortzuführen – kurz vor seinem Tod hatte dieser den Türken noch 1456 bei Belgrad eine entscheidende

Abb. 6: Einziges als sicher geltendes Porträt von Janus Pannonius im sog. Plautus-Kodex.

Niederlage beigebracht. Ein Lungenleiden hinderte Janus daran, selbst an Kriegszügen teilzunehmen. Mit Gedichten versuchte er, dieses Manko auszugleichen und auf die drohende Gefahr aufmerksam zu machen, etwa in einer wunderschönen Allegorie über den »pannonischen Mandelbaum«, der im tiefsten Winter erblüht, den aber bald ein harter Frost zu vernichten droht. Auch in der Widmung seiner 1467 fertiggestellten Plutarch-Übersetzung, die Janus Pannonius seinem König übersandte, scheint Kritik über die Innen- und Außenpolitik und die autokratischen Gesten des Königs durch. Das erklärt, wieso sich Pannonius ebenso wie sein Onkel Johann Vitéz von ihrem Herrscher abwandten und einem polnischen Prinzen aus dem Hause Jagiello zum Thron verhelfen wollten; dieser hätte in Personalunion mit Polen eine Macht schaffen sollen, die sich gegen die Osmanen zu behaupten hatte. Matthias kam den Verschwörern zuvor und schlug die anschwellende Revolte rasch nieder. Seinen früheren Lehrer Johann Vitéz stellte er in Gran unter Hausarrest. Janus Pannonius aber starb auf der Flucht in einer Burg bei Agram am 27. März 1472. Der König erwies sich als großzügig und ordnete ein feierliches Begräbnis des toten Dichters im Dom zu Fünfkirchen an. Die literarische Hinterlassenschaft von Janus Pannonius aber wurde in die königliche Bibliothek überführt, in die weltberühmte Corvina. Matthias Corvinus machte damit seinem Ruf als Renaissancefürst alle Ehre. Die osmanische Gefahr jedoch hatte er nicht so bekämpft, wie es sich sein Dichterfürst gewünscht hatte – zum Schaden des Landes und zum Schaden von Fünfkirchen.

PEÇUY –
EIN ZENTRUM IM OSMANISCHEN UNGARN
(1526–1686)

Kaum auszudenken die Aufregung, die in der Stadt am 30. August 1526 geherrscht haben muss, als die Nachricht von der verlorenen Schlacht gegen die Armeen des Sultans ankam. Kaum einen Tagesritt östlich von Fünfkirchen entfernt hatte am Vortag das schicksalentscheidende Kräftemessen stattgefunden: Nicht nur das alte Reich der Stephanskrone sollte zusammenbrechen. Das Reich der muslimischen Osmanen sollte künftig für anderthalb Jahrhunderte ins weitgehend katholische Mitteleuropa hineinragen, die Auseinandersetzung zwischen Christentum und Islam fand nun mitten in Europa statt.

Allerdings verlief der Wandel nach der Entscheidungsschlacht bei Mohács nur sehr allmählich. Die Türken und ihre Bündnistruppen vernichteten einen Großteil des rund 26.000 Mann starken ungarischen Heeres. König Ludwig II. ertrank in einem Flüsschen auf der Flucht. Ein Großteil der Oberen des Reiches war gefallen, unter ihnen die beiden Erzbischöfe und sechs der zwölf Bischöfe des Landes. Auch der Bischof von Fünfkirchen, Philipp Móré von Csula, nahm als getreuer Gefolgsmann des Königs an der Schlacht teil. Er wurde verwundet, verließ das Schlachtfeld, starb aber auf der Flucht. Mit ihm sollen 300 Fünfkirchener Studenten gefallen sein, und jene Soldaten, die die Stadt hätten schützen können. Schon bald nach der Schlacht von Mohács erschienen osmanische Krieger, meist wohl Angehörige der Scharmützeltruppen der »Renner und Brenner« vor Fünfkirchen. Ohne geübte Verteidiger wurde die Stadt eine leichte Beute, drei Tage lang plünderten und brandschatzten sie den reichen Ort. Die Einwohner, die nicht geflohen und sich nicht in Sicherheit gebracht hatten, wurden auf dem Marktplatz zusammengetrieben, niedergemetzelt oder in die Sklaverei verschleppt. Die Domherren hatten nach der Nachricht von der verlorenen Schlacht mit den Kirchenschätzen die Flucht ergriffen, wurden aber von fliehenden ungarischen Hochadligen eingeholt und ausgeraubt.

Sultan Süleyman aber zog weiter auf Ofen zu, seine Heerscharen plünderten das südliche und das zentrale Ungarn einschließlich der Hauptstadt. Wo sie vorbeikamen, hinterließen die Osmanen eine Spur der Verwüstung. Die Menschenverluste Ungarns durch Krieg, Ermordung und Verschleppung betrugen über 200.000. Auch Fünfkirchen und seine Umgebung blieben nicht verschont: Wer nicht flüchtete, wurde ein Opfer der Streifzüge der irregulären Hilfstruppen der Osmanen.

Bürgerkrieg in Ungarn

Im anbrechenden Herbst zog Sultan Süleyman, genannt »der Prächtige«, mit seinem Heer wieder ab, die Kriegssaison war beendet. Es entsprach nicht osmanischer Kriegstaktik, ein erobertes Land immer gleich zu besetzen und der eigenen Verwaltung einzugliedern. Man konnte es zunächst sich selbst überlassen und führte den permanenten Kleinkrieg an den Grenzen weiter. Eine allmähliche Destabilisierung und ein latentes Gefühl der Unsicherheit sollten die spätere Vereinnahmung erleichtern. Nach islamischer Rechtsauffassung war Ungarn durch die Eroberung 1526 Teil des Osmanischen Reiches geworden, auch wenn sich dieses dort noch nicht installierte. In erster Linie aber sollte Ungarn und zumal dessen Süden einem viel weiter reichenden Ziel des Sultans dienen: Es sollte als Aufmarschgebiet gegen das Reich des »Goldenen Apfels« dienen, die prächtige Stadt Wien und ihr christlicher Kaiser sollten bezwungen werden.

Zu den äußeren Gefahren kam ein inneres Problem hinzu. In Ungarn setzte ein Thronstreit ein, der letztlich das ganze Land erfassen sollte. Aufgrund von Heirats- und Erbverträgen sollten die Habsburger die Königreiche und Länder des bei Mohács gefallenen Jagiellonen Ludwig erben. Erzherzog Ferdinand von Habsburg beanspruchte die Kronen Böhmens und Ungarns, wurde aber von einer mächtigen »nationalen« Partei Ungarns abgelehnt, die den siebenbürgischen Woiwoden Johann Szapolyai rechtmäßig zum König wählte. Kurz danach glückte aber auch der habsburgfreundlichen Partei die Krönung Ferdinands, sodass sich ab Anfang 1527 für rund eineinhalb Jahrzehnte zwei Könige in Ungarn einander gegenüberstehen und sich bekriegen sollten. Die dringend notwendige Reorganisation des Landes war unter diesen Umständen natürlich nicht möglich. Die Stadt Fünfkirchen stand in diesem Konflikt zunächst im Gegensatz zum Adel des eigenen Komitats: Während dieser König Johann unterstützte, war die Stadt König Ferdinand treu. Nicht wenige der Städte Ungarns neigten dem Habsburger zu, teils bedingt durch die oft starke deutsche Bürgerschaft, aber auch wegen der umfassenderen Perspektiven für ihren internationalen Handel. Ferdinand nutzte diese Treue der Städte oft aus und hielt sie mit Versprechungen auf Unterstützung bei der Stange, doch konnte er seine Zusagen kaum je erfüllen – die österreichischen Erblande, denen er vorstand, waren nachhaltig in die innerdeutschen Auseinandersetzungen mit allen Folgen der Reformation verwickelt und mussten selber osmanische Angriffe abwehren.

Vorerst aber sollten die nach Fünfkirchen zurückgekehrten oder auch neu hinzugezogenen Bürger in ihrer Position bestätigt werden: Ferdinand konnte Johann Szapolyai 1527 aus Ungarn und Siebenbürgen verdrängen. Fünfkirchen erhielt in Georg Sulyok einen neuen Bischof und somit einen neuen Stadtherrn, auch wenn für das Unruhegebiet Ungarn bis auf Weiteres keine päpstliche Bestätigung von Bischofsernennungen erfolgte. Anfang 1528 bestätigte Ferdinand die alten Rechte und erließ Fünfkirchen für zwölf Jahre die Steuer an die Krone. Das eingesparte Geld sollte zum Wiederaufbau der Stadt und zur Verstärkung ihrer Befestigungen verwendet werden.

Aber schon 1529, drei Jahre nach dem Fiasko von Mohács, zogen die Osmanen abermals durchs südliche Ungarn. König Johann, von Ferdinands Truppen verdrängt, hatte sich um Hilfe an den Sultan gewandt. Als Süleyman im Sommer 1529 mit seinem Heer auf Ungarn zog, konnte er gleich zwei Ziele verfolgen: Indem er Johanns Huldigung auf dem Schlachtfeld von Mohács annahm, sicherte er sich aus osmanischer Sicht die Herrschaft über Ungarn. Mit dem immensen Heer, das mitsamt Tross rund 150.000 Mann zählte, eroberte er anschließend Anfang September Ofen für König Johann und zog dann weiter auf Wien, erneut eine Spur der Verwüstung hinterlassend. Der erste Versuch der Osmanen, Wien zu erobern, wurde nach drei Wochen und nach hohen eigenen Verlusten im beginnenden Herbst abgebrochen. Der Rückzug durch das verwüstete Ungarn ließ das Unternehmen schließlich zu einem Fiasko werden. In diesem Sommer nahmen die osmanischen Truppen Fünfkirchen abermals ein und besetzten es, zogen aber auch erneut wieder ab.

König Johann war nun auch in Fünfkirchen anerkannter Landesherr, und als die Osmanen drei Jahre später, im Sommer 1532, wieder mit einem riesigen Heer durch Südungarn auf Wien zogen, bestätigten die Fünfkirchner diese Unterstellung. Schließlich war Johann Szaployai aus der Sicht der Hohen Pforte der legitime Landesherr, während Ferdinand seinen Getreuen keine Hilfe zukommen ließ. Eine weitere Besetzung und Plünderung wie 1526 und 1529, die angesichts der Größe der zu verteidigenden Stadt nicht zu vermeiden gewesen wäre, wollte man in Fünf-kirchen nicht riskieren. Auf diese Weise konnte sich die größte Stadt im südlichen Ungarn zwar eine Verschnaufpause verschaffen. Die trau-matischen Ereignisse der vergangenen sechs Jahre und die jährlich mit unterschiedlichen Zielen folgenden osmanischen Heerzüge hatten aber weitreichende Folgen.

So wie sich der Adel mit zunehmendem Vordringen der Osmanen in die habsburgischen oder siebenbürgischen Teile Ungarns im Norden und Osten zurückzog, so wanderten auch aus Fünfkirchen große Teile von bis dahin maßgeblichen Bevölkerungsgruppen ab. Zum einen waren dies die deutschen Kaufleute. Ihre überregionalen Verbindungen, häufig auch familiäre Bande in andere Städte Ungarns oder des oberdeutschen Raums, werden diesen Schritt erleichtert und ermöglicht, ihr guter In-formationsstand über den Stand der Politik die Entscheidung befördert haben. Zu einer weiteren Gruppe gehörten die Orden und der katholische Klerus: Sie zogen aus den osmanisch bedrohten und zunehmend kon-trollierten Landesteilen allmählich ab. Trotz dieses langsamen Ausblutens blieb Fünfkirchen jedoch ein zentraler Umschlag- und Depotplatz, denn die verschiedenen Burgen im Süden des Landes mussten versorgt wer-den. Und anstelle der früheren Einwohner sahen nun andere ihre Chance gekommen, Angehörige unterer Schichten, deswegen auch mit deutlich geringerem Kapital ausgestattet und mit relativ eingeschränktem Hand-lungsspielraum: Die wichtigen Handelsrouten waren kaum mehr benutz-bar, die fernen Märkte unerreichbar, der Austausch mit der gelehrten Welt unterbrochen – die vormalige Weltstadt wurde zur entlegenen Provinz, die Komitatsgrenzen wurden zum weitestmöglichen Horizont.

Der osmanische Feldzug des Jahres 1532, den der Großwesir Ibrahim mit dem Ziel der Eroberung Wiens anführte, endete abermals in einer Schmach: Auf dem Weg dorthin sollte auch die eher kleine ungarische Grenzburg Güns erobert werden. Während einer 25-tägigen Belagerung führte das riesige Heer der Osmanen 18 Sturmangriffe gegen die Burg und ihre kleine Besatzung, aber vergeblich. Ein Janitscharenaufstand zwang den Großwesir schließlich Ende August zur Aufgabe, und auf ihrem Rückzug hinterließen seine Truppen abermals eine Spur der Verwüstung. Allerdings ließen die Osmanen nun von dem Gedanken ab, Wien zu er-obern. Vielmehr wurde nun das von der Hohen Pforte unmittelbar kon-trollierte Gebiet entlang der Donau in kleineren Feldzügen schrittweise ausgeweitet.

Schon 1521 war die bis dahin ungarische Stadt Belgrad an die Osmanen gefallen, und Fünfkirchen wurde nicht nur zum Ziel von dort Geflohener, unter ihnen viele Geistliche, sondern übernahm auch die zentrale wirtschaftliche Funktion jener Donaufestung: die Versorgung des Militärs in den südlichen Verteidigungsstellungen. Die Burgen im Süden des Landes behielten starke Besatzungen, welchem König sie nun auch immer zuneigten. Zugleich vermittelten starke Burgen in der Nachbarschaft wie Szigetvár, Siklós, Kaposvár, Valpó auch ein gewisses Gefühl der Sicherheit. Auf der anderen Seite aber konnten die Bürger von Fünfkirchen die nahezu jährlich stattfindenden Feldzüge der Osmanen vor den eigenen Stadttoren beobachten oder darüber von den Flüchtlingen in der Stadt erfahren. 1536 und 1537 nahm Fünfkirchen fliehende Einwohner und die Domkapitulare von Pozsega und Diakovár auf, alle auf der Flucht vor den Osmanen. Bis zu einem gewissen Grade arrangierte man sich mit der dauernden Alarmbereitschaft.

Ab 1538/1539 konnte König Johann noch einmal die Gelegenheit nutzen und seinen Einfluss in Fünfkirchen geltend machen, als er seinen Parteigänger Johannes Esseki zum Bischof ernannte. Dieser unsütützte seinen Landesherrn bei hohen Staatsgeschäften und hielt auch nach Johanns Tod treu zu dessen Gattin und Sohn. Auch Fragen der Kirchenreform scheinen ihm ein Anliegen gewesen zu sein. Als er nach der Einnahme Ofens als Gesandter der Regentin Isabella von einer diplomatischen Mission zurückkehrte, verwehrte ihm die Stadt die Aufnahme: Die Bürger lehnten ihn wegen der Kooperation mit der Hohen Pforte als »Verräter« ab. Die Stadt hatte die Osmanen 1541 nämlich abwehren können, denn eigentlich waren sie bei jenem Feldzug nur an der Einnahme Ofens interessiert. Die solcherart übermütig werdende Bürgerschaft, in der die deutschfreundliche Partei unter Stadtrichter Wolfgang Schreiber offenbar die Oberhand gewann, setzte auf den Habsburger Ferdinand. Dieser ernannte schließlich mit Stanislaus Váraljay einen eigenen Kandidaten zum neuen Bischof und Stadtherrn. Die materielle und militärische Hilfe, die Ferdinand der Stadt nun hätte zukommen lassen müssen, blieb allerdings, wie gewöhnlich, weitgehend aus.

Fünfkirchen wird osmanisch

Im Jahr 1541 hatte sich das Blatt nämlich nachhaltig gewendet: Als Ergebnis eines neuerlichen Konflikts der Familie Szapolyai mit Ferdinand waren die Osmanen in Ungarn einmarschiert und besetzten dabei Zentral- und Südungarn. Die Hauptstadt Ofen wurde Sitz einer osmanischen Provinz. Rund ein Drittel Ungarns wurde somit integraler Bestandteil des Osmanischen Reiches – mit weitreichenden Konsequenzen für das Rechts- und Wirtschaftswesen. Den gerade geborenen Johann II. Sigismund Szapolyai, Sohn des verstorbenen Königs und noch als Säugling zum König gewählt, betrachtete der Sultan als eigenen Vasallen und überließ ihm den östlichen Teil des Reiches, also Siebenbürgen und einige ostungarische Komitate. Der Norden und ein westlicher Streifen des Stephansreiches aber verblieb in der Hand König Ferdinands, auch »königliches Ungarn« genannt – mehr vermochte dieser nicht zu sichern, auch wenn seine Truppen wiederholt versuchten, Ofen zurückzugewinnen.

Fünfkirchen lag hingegen – noch nicht besetzt – mitten im osmanischen Gebiet. Auch andere Festungen und befestigte Städte waren von den Osmanen noch nicht erobert worden. Aber wenn es schon vor 1541 nicht möglich war, diesen Teil Ungarns vor dem Zugriff der Osmanen zu schützen, so war es jetzt noch viel schwerer. Zwar unterhielten Ferdinand und ungarische Magnaten Besatzungen an befestigten Orten, da sie ihren Anspruch auf Ungarn und auf ihre alten Territorien noch lange nicht aufgegeben hatten. Man darf sich die Grenze zwischen den Reichen der Habsburger und der Osmanen auch keinesfalls als klare und gesicherte Linie vorstellen, wie dies etwa historische Atlanten suggerieren. Vielmehr waren die Grenzen breite Regionen des Übergangs, durch die selbst größere Truppenbewegungen möglich waren. Deshalb verfielen die Fünfkirchener trügerischen Hoffnungen.

Anfang 1542 reiste ihre Delegation unter Stadtrichter Wolfgang Schreiber mit einem Hilfeersuchen zu König Ferdinand. Die Stadt wandte sich auch an den Landeskapitän Thomas Nádasdy. Im Falle von Fünfkirchen hätten aber auch große Truppenkontingente nur wenig genutzt: Die Fläche und der Umfang der befestigten Stadt waren zu groß, die Wehranlagen in einem zu schlechten Zustand, als dass eine Verteidigung aussichtsreich gewesen wäre. Zudem war die Stadt selbst bereits zu entvölkert, als dass die Besatzung von dieser Seite bei einer ernsthaften osmanischen Belagerung nennenswerte Unterstützung zu erwarten gehabt hätte.

Abb. 7: Im Delta von Drau und Donau ist die wohl älteste schematische Darstellung von Fünfkirchen – hier als Quinque ecclesiae – zu erkennen (Holzschnitt von Johannes Honterus 1546).

Ferdinand stellte der Stadt letztlich 2.000 Mann unter dem Kommandanten Lukas Székely zur Verfügung.

Die Kriegssaison 1543 begann sehr früh und Sultan Süleyman lag mit seinem Heer auf dem Weg zur Provinzhauptstadt Ofen, türkisch Budun, bereits im Mai vor der Festung Valpó jenseits der Drau. Zeitgleich schlugen die Osmanen Verteidigungstruppen vor Fünfkirchen und vor Siklós in die Flucht. Die Gefahr und die Aussichtslosigkeit erkennend, floh zunächst der Kastellan Lukas Székely aus der Stadt, bald gefolgt vom Bischof Stanislaus Váralyai, der sich nach Wesprim zurückzog. Nachdem am 7. Juli auch die Festung Siklós etwa einen Tagesritt südlich von Fünfkirchen gefallen war, verließen auch die verbliebenen Soldaten die Stadt – eine Verteidigung schien aussichtsloser als eine Verurteilung im königlichen Ungarn. Die Geistlichen, Mönche und Nonnen folgten. Die noch in der Stadt lebenden Bürger konnten nur durch eine vollständige Unterwerfung hoffen, von den Osmanen nicht niedergemetzelt zu werden und in ihrer Stadt weiterleben zu können. Sie sandten eine Delegation an den Sultan und öffneten seinen Truppen unter Kassim Bey am 20. Juli 1543 die Stadttore. So zogen die Osmanen kampflos und ohne weitere Zerstörung in die alte Bischofs- und Handelsstadt ein.

Nach einer rund eine halbe Generation dauernden Zeit des Niedergangs begann mit diesem Tag schlagartig eine neue Epoche in der Stadtgeschichte. Auch wenn die Fünfkirchener Bürger die Osmanen widerstandslos in die Stadt einließen, galt dieser Teil Ungarns nach islamischem Recht als erobertes Land, sodass die osmanische Gesellschaftsordnung allmählich eingeführt wurde. Anders als etwa in den Donaufürstentümern oder als in Siebenbürgen verloren die Einwohner von Fünfkirchen nun ihre Rechte und Besitzansprüche; sie waren den muslimischen Herren bedingungslos untergeordnet. So setzte ein grundlegender Wandel sowohl der Bewohnerschaft als auch der äußeren Erscheinungsform der Stadt ein. Strukturell aber behielt Fünfkirchen seine alte Rolle bei: Es blieb ein Verwaltungszentrum mit zentraler Bedeutung für den Handel sowie für die Versorgung des Militärs einer großen Region, schließlich erlangte es auch erneut eine bedeutende Rolle als geistliches Zentrum – alles Kennzeichen sowohl der römischen wie der mittelalterlichen Geschichte dieses Ortes. Als Militärstandort aber spielte Fünfkirchen nach wie vor keine besondere Bedeutung.

Die Provinzstadt Peçuy

Innerhalb des osmanischen Paschaliks oder Eyalets, also der Großprovinz Buda, bestanden eine ganze Reihe an Sandschaks als administrativ-militärische Untergliederungen. Ein solches Sandschak wurde nach Fünfkirchen, im Osmanischen Peçuy, benannt, das auch die Provinzverwaltung beherbergte. Der »Eroberer« von Fünfkirchen, der »Ghazi« Kassim Bey, besetzte die weitgehend intakte Stadt. Der Statthalter, der Bey, war auch für die anderen Burgen und Festungen des Sandschaks verantwortlich, außer Fünfkirchen neun weitere, nach 1600 weitere drei und eine Brücke über die Drau. Neben dem Bey hatte auch ein Kadi, also ein Richter, seinen Sitz in Fünfkirchen. Hinzu kamen der Steuerverwalter und bald auch weitere höhere Beamte, schließlich die Geistlichen. Zunächst zogen aber vor allem Militärangehörige in die Stadt ein, zumal die westlich benachbart gelegene bedeutende Festung Szigetvár und die Festung Kaposvár im Süden noch nicht in osmanischer Hand waren. Somit musste in Fünfkirchen dauerhaft eine Besatzung untergebracht werden, um sowohl den Ort als auch die Region zu sichern. Zu Beginn waren dies mindestens 500, nach einigen Jahren über 800 Soldaten. Den größten Anteil hatten daran die Fußtruppen der Janitscharen (22 Einheiten) gefolgt von Angehörigen der Reiterei, der Spahi (sieben Einheiten) sowie zeitweilig größere Kontingente an Martolosen, einer Art Hilfstruppen (bis zu 22 Einheiten). Auf die osmanischen Soldaten werden wir später noch zurückkommen.

Im Gefolge des Militärs, der Geistlichen und Verwaltungsbeamten kamen zunehmend auch Kleinhändler und Handwerker, vor allem aus der Balkanregion, in die Stadt. Deren Zahl wuchs erst allmählich. Sie hatten die Aufgabe, die speziellen Bedürfnisse der Besatzer an Nahrungs- und Gebrauchsgütern zu befriedigen. Dies waren christliche und muslimische Bosnier, orthodoxe und katholische Südslawen sowie Juden. Die Zahl der ethnischen Türken, die sich in Fünfkirchen niederließen, war hingegen relativ gering, denn selbst die Offiziere waren meist balkanslawischer Herkunft. So sollten sich in den kommenden Jahrzehnten familiäre Beziehungen der neuen Führungselite etwa zu Diakovár oder zu Sarajevo anbahnen.

Der Großteil dieser neuen Bewohner sprach demnach Südslawisch, sodass ein der Stadt aus den bisherigen Handelskontakten durchaus vertrautes Bevölkerungselement nun an Zahl und Bedeutung rasch zunahm. Türken waren selbst unter dem Militär selten, meist waren dies bereits islamisierte Bosnier, Albaner oder Angehörige anderer Völker vom Balkan. Der Begriff »Türke« stand in den zeitgenössischen Quellen somit übergreifend für Muslime. Die verbliebenen ungarischen oder überhaupt christlichen Bewohner mussten aus der befestigten Stadt in die nordöstliche, die Ofener Vorstadt, ausweichen. Hier befand sich die Allerheiligenkirche, die sie künftig nutzen durften – es war das einzige christliche Gotteshaus, das die neuen Machthaber im Umfeld der Stadt tolerierten. Die christliche Gemeinde konnte sich bis zu einem gewissen Grade selbst verwalten und sich einen eigenen Bürgermeister und einen Richter wählen – die osmanischen Oberen brauchten schließlich direkte Ansprechpartner. Die an Zahl ebenfalls zunehmenden katholischen Kroaten hatten einen Siedlungsschwerpunkt vor dem Szigeter Tor im Südwesten der Stadt. Eine weitere Bevölkerungsgruppe, die künftig in den Vorstädten aufscheinen sollte, waren dalmatinische, zumal Ragusaner Kaufleute. Durch den nur allmählich erfolgenden Auszug der alten Einwohner aus der befestigten Stadt war es möglich, den Hinzugezogenen die Namen der Gassen und Plätze weiterzugeben, die schon bald in Verwaltungsakten auftauchen sollten.

Allerdings darf man es sich nicht so vorstellen, dass nun größere Bevölkerungsbewegungen stattfanden. Der Ausweichprozess der alten Stadteliten vor der Übernahme der Stadt durch die Osmanen hatte nur eine Restgemeinde hinterlassen, im Wesentlichen wohl kleinere Händler und Handwerker, sowie die Stadtarmen; Zuwanderer kamen wohl aus den umliegenden, ungesicherten Dörfern.

Der Wechsel vormals christlicher Südslawen oder Albaner zum Islam ging nach den osmanischen Eroberungen in Südosteuropa nur sehr allmählich vonstatten; eine gewaltsame Islamisierung lag den neuen Landesherren schon aus finanzpolitischen Gründen fern, da Nicht-Muslime zusätzliche Steuern zahlen mussten. So muss man sich auch im Falle von Fünfkirchen vorstellen, dass die vor allem aus Bosnien zugezogenen Händler und Handwerker teils bereits Muslime waren, teils aber auch erst am neuen Wohnort zum Islam konvertierten. Der Wechsel zur herrschenden Religion bot durchaus Aufstiegs- und Entwicklungschancen, wie etwa Steuervorteile oder die Erlangung von Ämtern in der Verwaltung. Die Zuwanderer vom Balkan kamen tendenziell aus ärmeren, kapitalschwachen Schichten, die mit einem Wechsel in neu erobertes Gebiet auch die Hoffnung auf eine Verbesserung des eigenen Fortkommens verbanden. Die Zahl der in der Stadt betriebenen Gewerbe stieg rasch, die Angebote der vom Balkan Zugewanderten und jene der in die Ofener Vorstadt Ausweichenden ergänzten sich gegenseitig. Mit zunehmender Beruhigung der politischen Situation in den späten 1550er-Jahren kam auch der Warenverkehr wieder in Schwung, sodass Fünfkirchen seinen alten Charakter als Handelsstadt allmählich wiedergewann.

Das Äußere der von romanischen und gotischen Kirchen und Klöstern, von gotischen Bürgerhäusern, großen Marktplätzen, planmäßig ausgerichteten Straßen geprägten Stadt wandelte sich zwar, aber nur in Teilen und nur allmählich. Einerseits ermangelte es der Stadt an einer wohlhabenden neuen Oberschicht, die hier ihren Wohlstand hätte zur Schau stellen können. Andererseits aber war die osmanische Stadtkultur ganz anders orientiert. Es kam – mit der Ausnahme frommer Stiftungen, sogenannter Vakifs – nicht auf äußere Selbstdarstellung durch Gebäude an, immobiles Gut hatte einen ganz anderen Stellenwert: Es wurde in viel bescheideneren Formen und aus weniger dauerhaftem Material errichtet, da es zum einen oft Opfer von Feuersbrünsten in den engen Basarstädten werden konnte, zum anderen eine viel geringere Rechtssicherheit für eigenes Gut bestand – so lohnte es nicht, sein Vermögen in Bauten zu investieren, die man leicht wieder verlieren konnte. Die wenigen Wohlhabenden, in der Regel die Befehlshaber in Militär und Verwaltung, errichteten stattdessen fromme Stiftungen: Moscheen, angeschlossene Schulen und Spitäler, Gästehäuser, Klöster oder Bäder. Dies sind auch tatsächlich die einzigen Bauwerke, die uns in Fünfkirchen aus der osmanischen Zeit überliefert sind. Die alten Wohnhäuser hingegen wurden meist weitergenutzt, ohne dass aber ihrer Pflege, ihrem Erhalt oder ihrem Ausbau viel Beachtung geschenkt wurde.

Die Lebensmittelpunkte waren nun nicht mehr der eigene Hofbereich mit Haus, Lager- und Werkstätten, Hauswirtschaft und Familie. Das Leben fand nun zunehmend auf den Straßen und Plätzen statt, die geschlossenen Hofbereiche öffneten sich zu gemeinsamen öffentlichen Räumen hin, wo nun Gewerbe, Handel, Lebensalltag ihre Schauplätze fanden. Nach orientalischem Muster wurde auch Fünfkirchen umgehend in Mahalle, in Stadtviertel, eingeteilt. Schon für 1552 kennen wir aus einem Steuerverzeichnis neun Mahalle in Fünfkirchen, wobei beachtenswert ist, dass sich deren Namen an alten Bezeichnungen oder an Kirchen orientierten: Es gab die Mahalle des hl. Franziskus und des hl. Ladislaus, sodann die nach Gassen benannten Mahalle: Kleine Gasse, Steinbrückengasse, Sankt-Thomas-Gasse, Große Gasse, Deutsche Gasse, Töpfergasse und Marktgasse. Der komplette Auszug der Christen in die Vorstadt war also noch im Gange, und noch dominierte das osmanische Militär in der Stadt. Neben Janitscharen, also den aus der Staatskasse besoldeten Elite-Fußsoldaten, die die Masse bildeten, gehörten – wie erwähnt – Spahis und Martolosen dazu. Die Spahis waren Angehörige der Lehensreiterei: Sie erhielten Güter auf dem Land, die sie bewirtschafteten oder bewirtschaften ließen; als Gegenleistung hatten sie Kriegsdienst in der schweren Reiterei zu leisten, je nach Größe des Lehens mit je unterschiedlicher Ausstattung. Im besetzten Ungarn lebten osmanische Soldaten aber kaum je auf dem Land, sondern in einigen wenigen Städten und Festungen wie eben Fünfkirchen, während sie von ihren Landgütern den Profit abzogen. Der ländliche Bereich blieb durchweg christlich besiedelt. Dabei war es gerade in Grenzregionen durchaus üblich, dass sowohl die neuen Grundherren wie die Spahis als auch die alten, die ihre rasch agierenden Vertreter schickten, von den Bauern Steuern und Abgaben einforderten – eine Doppelbesteuerung, der sich die Betroffenen nur durch Flucht entziehen konnten. Die ebenfalls erwähnten Martolosen hingegen waren Hilfstruppen, die militärische genauso wie ordnungspolitische Aufgaben übernahmen; sie rekrutierten sich meist aus der orthodoxen Bevölkerung Südosteuropas. Im Falle Fünfkirchens schwankt die Zahl der Martolosen im Laufe der Jahre, ein Zeichen dafür, dass sie je nach Bedarf an unterschiedlichen Orten eingesetzt wurden.

Erst mit dem Fall der letzten noch von ungarischen Truppen gehaltenen Festung Szigetvár, einen knappen Tagesritt westlich Fünfkirchens gelegen und Zufluchtsort für alle in der Region agierenden christlichen Aufgabenträger und Truppen, reduzierte sich die Präsenz des osmanischen Militärs in der Stadt. Szigetvár war eine der letzten Festungen in der südlichen Hälfte Ungarns, die die Osmanen trotz wiederholter Versuche noch nicht erobern konnten. 1566 führte der greise Sultan Süleyman wieder selbst ein Heer an. Dabei zog er auch mit großem Pomp in Fünfkirchen ein und lobte die Stadt ob ihrer ansprechenden Lage und äußeren Erscheinung. Die anschließende Belagerung Szigetvárs mit einem Heer von rund 90.000 Mann sollte über einen Monat dauern, für die Osmanen immense Verluste bringen und für Ungarn und weite Teile der abendländischen Christen einen Mythos schaffen. Die rund 2.500 Verteidiger unter der Führung des kroatischen Banus Nikolaus Zrínyi d. Ä. hielten die Stadt- und Festungsanlagen mit außerordentlicher Tapferkeit und wählten, nachdem die Lage aussichtslos geworden war, den Heldentod: Sie stürzten sich mit blankem Schwert den Belagerern entgegen. Dieser außergewöhnliche Verteidigungswille bot umgehend und auf lange Sicht Stoff für Legendenbildung um Nikolaus Zrínyi und seine Soldaten, sein Kampf gegen die Türken wurde zum Mythos und zum Gegenstand vieler Heldenlieder. In den letzten Tagen der Belagerung starb übrigens Sultan Süleyman I., genannt der Prächtige, während dessen langer Regierungszeit der Großteil Ungarns unter osmanische Oberhoheit gekommen war.

Eine unmittelbare Folge der Eroberung Szigetvárs war für Fünfkirchen der Abzug großer Teile der militärischen Besatzung, die nun die Festung Szigetvár als einen der wichtigsten Brückenköpfe der Region sichern mussten. Die Stadt bot nun mehr Raum für neue Zuwanderung. In gewissem Umfang kam es auch zum Wechsel von Soldaten ins Zivilleben, sodass dadurch die Zahl der Muslime ebenfalls zunahm. Neben diesen konnten sich in der befestigten Stadt auch Juden und orthodoxe Christen niederlassen, die in die Strukturen der osmanischen Administration in jeweils eigentümlicher Weise eingebunden waren. Als weitere Bevölkerungsgruppe werden in der zweiten Hälfte des 16. Jahrhunderts auch – in der Regel muslimische – Zigeuner aktenkundig. Auf diese Weise wandelte sich die Bevölkerungsstruktur Fünfkirchens im letzten Drittel des

16. Jahrhunderts vollständig um, es kann nun in keiner Weise mehr von irgendwelchen Kontinuitäten ausgegangen werden.

Religionen und Konfessionen während der Osmanenzeit

In der verbliebenen christlichen Gemeinde um die Allerheiligenkirche erfolgte eine weitreichende Veränderung, die in der historischen Betrachtung der Stadtgeschichte wegen der späteren Dominanz der katholischen Kirche oft übersehen wird. Die Reformation setzte auf dem Gebiet des gesamten historischen Ungarn relativ spät ein: zunächst in den deutschsprachigen Städten Siebenbürgens und Oberungarns ab den 1540er-Jahren, weitgehend flächendeckend im ganzen Land aber ab den 1550er-Jahren. Das evangelische Bekenntnis Wittenberger oder lutherischer Prägung war zu diesem Zeitpunkt bereits nicht mehr allein dominant, sondern konkurrierte mit sich fortentwickelnden Lehren. In einem rückblickend relativ schnell ablaufenden Prozess kristallisierte sich das Luthertum als das Bekenntnis der deutschen Orte heraus, während die Ungarn in ihrer überwiegenden Mehrheit Anhänger der Schweizer Konfession wurden und calvinistische, »reformierte« Gemeinden bildeten. Die Umsetzung der Reformation stieß auf wenig Widerstand, weil die katholische Kirche bereits seit Mohács auf einem stetigen Rückzug war und zumal im osmanisch besetzten Landesteil 1541 ihren institutionellen Rückhalt endgültig verlor. Die Osmanen selbst waren gegenüber den christlichen Konfessionen zwar weitgehend indifferent, sahen die protestantischen Kirchen mit ihren selbstständigen Gemeinden tendenziell aber deutlich lieber als die katholische, weil diese nicht Teil einer auswärtigen, ausdrücklich feindlich eingestellten Macht waren. Aber auch der jedem Prunk abholde reformierte Glaube, der anzubetende Darstellungen von Menschen vermied, war den Muslimen um vieles sympathischer als der äußere Rahmen des Katholizismus. Der ungeheuer schnell, binnen ein bis zwei Jahrzehnten vor sich gehende Konfessionswandel aber lässt sich mit den traumatischen Erfahrungen der katholischen Christen während der Türkenkriege, mit ihrer drängenden Suche nach innerer Erneuerung und verlässlicher Orientierung gut erklären.

Auch die verbliebene christliche Gemeinde in Fünfkirchen, die sich etwa innerhalb des ersten Jahrzehnts nach der osmanischen Übernahme der Stadt in die Vorstadt zurückgezogen haben dürfte, war zu großen Teilen sehr bald reformiert. Von besonderem Interesse ist aber nun, dass in dieser Gemeinde ein neues Bekenntnis großen Rückhalt fand: der Unitarismus. Diese aus Italien und den deutschen Ländern herkommende neue Lehre stritt die Dreieinigkeit von Vater, Sohn und Heiligem Geist ab und vertrat einen strikten Monotheismus und wurde daher auch »Antitrinitarismus« genannt. Diese Lehre fand in den 1560er-Jahren am Hof des Regenten Siebenbürgens, Johanns II. Sigismund, starken Rückhalt und wurde dort 1568 als vierte Konfession gleichberechtigt anerkannt. Von Siebenbürgen aus strahlte der Unitarismus ins osmanische Ungarn aus; vor allem nach dem Tode Johanns II. Sigismund 1571 mussten unitarische Theologen aus Siebenbürgen auch hierhin ausweichen. An wenigen Orten aber wurde der Antitrinitarismus so intensiv und nachhaltig aufgenommen wie in Fünfkirchen. Eine ganze Reihe unitarischer Prediger sollte nun in der Stadt und ihrer Umgebung von sich reden machen, auch gelehrte Schriften verfassen. Die unitarische Gemeinde von Fünfkirchen entwickelte sich zum Zentrum des Unitarismus im osmanischen Ungarn. Sie teilte sich die einzige verbliebene Kirche der Stadt mit den anderen Konfessionen, mit den inzwischen deutlich kleineren Gemeinden der Reformierten und der Katholiken, auch Lutheraner scheint es gegeben zu haben. Zum Umfeld der Kirche gehörte eine unitarische Oberschule, in der auch Geistliche auf ihren Beruf vorbereitet wurden.

Die Allerheiligenkirche in Fünfkirchen war Schauplatz eines weithin beachteten theologischen Streitgesprächs. Alltagsstreitigkeiten zwischen Reformierten und Unitariern in Südungarn, die die religiös erhitzten Gemüter zu jener Zeit stark erregen konnten, veranlassten die politischen Repräsentanten der Fünfkirchener christlichen Vorstadt, einen namhaften reformierten Prediger zu einer Disputation einzuladen. Am 27. August 1588 war es so weit: Über mehrere Tage hinweg, bis zum 31. August, fanden in der Allerheiligenkirche Predigten, Streitgespräche, Diskussionen statt. Auf der einen Seite stand der Fünfkirchener unitarische Prediger György Válaszúti, auf der anderen der reformierte Pfarrer aus Ráckeve, Máté Skarica. Neben der unitarischen Gemeinde nahmen auch Vertreter der Katholiken des Ortes mit ihrem Pfarrer an der Begegnung teil. Die Reformierten mussten letztlich anerkennen, dass die heilige Dreifaltigkeit in der Bibel nicht wörtlich erwähnt sei. Der Sieg bei der »Fünfkirchner Disputation« wird somit gemeinhin den Unitariern zugeschrieben. Ihre Gemeinde soll daraufhin zusätzlichen Zulauf von den Reformierten erhalten haben. Zuweilen wird auch von einem unitarischen Bischof in Fünfkirchen ge-

Abb. 8: Freigelegte Inschrift einer Sure an der westlichen Innenwand der Stadtpfarrkirche aus der Zeit der Nutzung als Moschee.

sprochen; inwieweit es sich dabei aber tatsächlich um eine oberkirchliche
Funktion handelte und nicht lediglich um eine prominente Stellung der
Gemeinde und ihres Predigers innerhalb der Unitarier Ungarns, muss da-
hingestellt bleiben. Das Fünfkirchener Streitgespräch von 1588, »a pécsi
disputa«, wurde schriftlich festgehalten und wird auch als wichtiger Beitrag zur Literaturgeschichte Ungarns im 16. Jahrhundert angesehen.

Das unitarische Bekenntnis mit seiner strikten Lehre vom einigen Gott
stand dem muslimischen Glauben von allen christlichen Konfessionen
am nächsten. Dass sich diese starke unitarische Gemeinde ausgerechnet
neben einer der größten muslimischen Städte des osmanischen Ungarn
etablieren konnte, mag daher vielleicht nicht nur historischer Zufall sein.
Zumal den unteren Bevölkerungsschichten, die für die geistlichen Angebote des Islam durchaus empfänglich sein konnten, bot sich somit eine
echte Alternative, ohne die eigene Religion verlassen zu müssen. Annähe-
rungsversuche der Unitarier an den Islam lehnten dessen Repräsentanten
jedoch entschieden ab.

Währenddessen wandelte sich das Bild der alten, befestigten Stadt
nachhaltig. Die Bischofsburg blieb bestehen und diente den Besatzungstruppen als Festung. Der Dom als größtes Gotteshaus wurde zur Moschee
umgestaltet, allerdings ohne größere Eingriffe. Da aber Menschendarstel-

lungen im Islam nicht erlaubt sind, wurden den zahlreichen Plastiken an den Wänden und Pfeilern des Domes die Köpfe abgeschlagen. Die Moschee wurde – wie bei Hauptmoscheen nach Eroberungen üblich – nach dem regierenden Sultan Süleyman benannt. Einer der Kirchtürme diente als Minarett. Die Größe des Gebäudes erlaubte es, hier auch Lagerhallen und eine Schule unterzubringen, doch erfreute sich die Süleyman-Moschee keiner großen Zusprache bei den Muslimen Fünfkirchens.

Es entstanden hingegen noch zahlreiche andere neue Gotteshäuser, insgesamt zehn oder gar elf können nachgewiesen werden. Der Befehlshaber des Sandschaks, Kassim Bey, wollte ein sichtbares Zeichen für den neuen Glauben setzen. Er ließ die Bartholomäuskirche, die große gotische Pfarrkirche im Norden des Marktplatzes, abreißen und wohl noch vor Mitte des Jahrhunderts eine neue, große Moschee errichten. Der Legende zufolge soll ihm dies erst möglich gewesen sein, nachdem ein zum Tode verurteilter Christ als Gegenleistung für seine Begnadigung verriet, wo ein Schatz in der Kirche versteckt sei. Die neue Ghazi-Kassim-Moschee, wie sie nach ihrem Stifter genannt wurde, war der alten Kirche von den Ausmaßen her mindestens ebenbürtig, angeblich sogar das größte islamische Gotteshaus im osmanischen Ungarn. Zum Teil wurden für den Bau die Steine der christlichen Vorgängerin verwendet. Allerdings war das neue Gotteshaus auf Mekka hin ausgerichtet und stand somit schräg zu den Häuserzeilen des Marktplatzes, die bis dahin mit der Bartholomäuskirche ein Rechteck gebildet hatten. Nördlich des Kuppelbaus stand ein großes Minarett. Nicht nur die Größe, sondern auch die kunstvolle Ausgestaltung dieser Moschee wurde künftig oft gelobt.

Ebenfalls bald nach der Einnahme der Stadt ließ Memi Pascha, von dem noch andere Stiftungen auf dem osmanischen Balkan bekannt sind, das Franziskanerkloster vor dem Szigeter Tor zur Moschee umbauen. Der Chor wurde abgetragen, ein Minarett angebaut, in den Klosteranlagen wurde eine Koranschule eingerichtet. Später kam östlich noch ein Bad hinzu, dessen Grundmauern heute wieder zu sehen sind. Auch diese Moschee muss so beeindruckend gewesen sein, dass der Reiseschriftsteller Evliya Tschelebi 1663 feststellte, »*das Weggehen fällt einem in dieser Moschee wegen des Hochgenusses, den man hier erlebt, schwer*«. (7) Weitere Moscheen entstanden in verschiedenen Gassen der Innenstadt, wohl auch als geistliche Mittelpunkte der Mahalle, der Stadtviertel: In der Ofener Gasse, unweit des heutigen Theaters und des Dominikanerhauses, in der Mariengasse, in der Seminargasse, möglicherweise auch südwestlich des großen Marktplatzes. Sie ragten mit ihren Kuppelbauten und Minaretten deutlich über die niedrigen Wohnhäuser hinaus. In der Ofener Gasse unmittelbar vor dem Ofener Tor, an der Stelle der heutigen Lyzeumskirche, entstand wohl um 1618/1619 die Moschee von El-Hadji Hussein, später ergänzt durch Klosteranlagen. Außerhalb der Stadtmauern wurde die Augustinerkirche im Osten zu einer Moschee umgebaut. Hingegen machte westlich der Stadt, vor dem Szigeter Tor, ein Nachkomme jenes Memi Pascha, der seine Moschee auf innerstädtischer Seite des Tores hatte errichten lassen, eine eigene fromme Stiftung: Hassan aus Diakovár, ungarisch Jakováli Hassan, ließ hier eine kleine Moschee und ein Derwisch-Kloster errichten – es ist heute die einzige weitgehend vollständig erhaltene Moschee der Stadt. Ein weiteres Derwisch-Kloster entstand im ehemaligen Sommerpalais von Bischof Szatmári auf einem Hügel nordöstlich der Stadt. Fünfkirchen wurde bald berühmt für seine Klöster und zahlreichen Koranschulen, die Medresen, die selbst höhere Bildung anboten. Lediglich Ofen und Erlau hatten im osmanischen Teil Ungarns ein ähnliches oder größeres Bildungsangebot. Zumal für die an Zahl stets zunehmenden slawischsprachigen Muslime Südosteuropas wurde Fünfkirchen zu einem attraktiven Kultur- und Bildungszentrum, das von den Würdenträgern dieser Gruppe auch immer wieder mit frommen Stiftungen bedacht wurde. Selbst als Wallfahrtsort erlangte die Stadt für die Muslime Bedeutung, so gab es etwa Wallfahrten zur Grabstätte *(türbe)* des weithin verehrten Derwischs Idris Baba westlich vor der Stadt.

Wie nachhaltig Fünfkirchen in die osmanische Kultur integriert war, lässt sich nicht nur anhand des religiösen Lebens der Muslime, sondern auch am Beispiel eines Geschichtsschreibers ersehen: Ibrahim Peçevi kam hier 1572 als Sohn eines osmanischen Amtsträgers zur Welt, seine Wurzeln sind teilweise bosnisch. Er selbst war in der Verwaltung vor allem der südosteuropäischen Provinzen des Osmanischen Reiches tätig. Ab 1641 verfasste er mit »Peçevis Geschichte« *(Tarih-i Peçevi)* ein langfristig wirkendes zweibändiges Geschichtswerk über das Osmanische Reich ab 1520. Mit seinem Namen, der auf seinen Geburtsort verweist, ist Fünfkirchen bis heute in der Geschichte der osmanischen Historiographie präsent.

Peçevi verdanken wir übrigens Nachrichten über das Schicksal Fünfkirchens während des Langen Türkenkriegs um die Wende vom 16. zum 17. Jahrhundert. Aus Konflikten an der kroatischen Grenze entwickelte sich ab 1593 ein habsburgisch-osmanischer Krieg, der das gesamte historische Ungarn über mehr als dreizehn Jahre in starke Mitleidenschaft zog. Während dieser Auseinandersetzungen gingen mehrere wichtige Stützpunkte des königlichen Ungarn an die Osmanen verloren, so im Jahre 1600 auch die wichtige Festung Kanizsa im Vorfeld des westlichen, habsburgischen Gebietsstreifens von Ungarn. Damit waren alle Festungen des südlichen Ungarn in osmanischer Hand. Es erfolgte nun eine administrative Neuorganisation und die Einrichtung neuer Eyalets neben jenem von Ofen. Das südliche Ungarn wurde im Wesentlichen dem neuen Eyalet Kanizsa zugeordnet, dem die Sandschaks Fünfkirchen und Szigetvár angehörten. Im Vergleich zum königlichen Ungarn und zu Siebenbürgen, die während des Langen Türkenkriegs zu großen Teilen zerstört und entvölkert wurden, war das südliche Ungarn in geringerem Umfang von diesem Krieg betroffen. Dennoch bekam auch Fünfkirchen den Ausnahmezustand nachhaltig zu spüren, etwa als der Khan der Krimtataren, Ghazi Giraj, einer der wichtigsten Verbündeten der Hohen Pforte, mit seinen Truppen in der Stadt 1603/1604 überwinterte. Dabei hatte dieser Muße, Verse zu verfassen, so auch eine Lobpreisung der Stadt. Die hier lagernden Truppen belasteten die Bevölkerung aber nachhaltig. Die kriegsbedingten Bevölkerungsverluste des Umlandes, die Zerstörung des bestehenden Netzes zwischen den Marktflecken und die bald folgenden Pestepidemien ließen auch die Stadt den Rückgang der Wirtschaft und eine Zunahme der Verarmung spüren. Die militärische Bedeutung Fünfkirchens hatte mit dem Ausbau osmanischer Positionen im Süden weiter abgenommen, den Sandschaks waren auch nur mehr wenige Burgen zugeordnet. Die Besatzung der Stadt bestand künftig nur aus wenigen Hundert Mann.

Durch diese historischen Umwälzungen, aber auch aufgrund einer gewandelten Politik der römischen Kurie sollte eine Gruppe künftig einen leichten Aufwind erhalten: die Katholiken. Nach dem Rückzug des Bischofs, des Domkapitels und der Orden aus Fünfkirchen verblieben ab 1543 nur ganz wenige Priester in der Stadt wie in der ganzen Region, die die katholischen Gläubigen betreuen konnten. So klagte der einzige katholische Pfarrer von Fünfkirchen 1581 dem Papst:

»Hier in Fünfkirchen dienten ehedem mehr als 300 katholische Priester Christus dem Herrn und keiner von ihnen war notleidend. Gegenwärtig aber sind alle zerstreut, viele wurden getötet, viele erwürgt, die Kirchen, die Altäre sind zerstört und nur ich allein als unwürdiger Diener der

christlichen Gefangenen [Bewohner] bin übrig geblieben, so arm und bedürftig, dass ich mich kaum mit Brot sättigen kann, und täglich ist mein Leben in Gefahr.« (8)

Doch der Katholizismus kam nicht gänzlich zum Erliegen. Den Bischofstitel von Fünfkirchen trugen nach der osmanischen Besetzung durchaus namhafte Persönlichkeiten, die ihr Amt zeitweise von der noch gehaltenen Festung Szigetvár aus auszuüben bestrebt waren, etwa Anton Verancsics (1554–1557), Humanist und später Graner Erzbischof, oder Georg Draskovics (1557–1563). Seit Andreas Dudics (1563–1567) aber, der später selber zum Protestantismus übertrat, hat sich kein Bischof mehr in der Diözese aufgehalten, man residierte lieber im königlichen Ungarn oder gar in Wien. Erst als die Jesuiten kurz nach dem Langen Türkenkrieg ab 1612 in Fünfkirchen tätig waren und eine Mission einrichteten, erhielten Katholiken der Region wie des Ortes einen gewissen Rückhalt und geistliche Betreuung. Bis 1664 unterhielten die Jesuiten hier eine Schule, die auch den Nachwuchs an Geistlichen sichern helfen sollte. Die unbefriedigende geistliche Jurisdiktion für den osmanisch besetzten Teil Ungarns versuchte der Heilige Stuhl ab 1625 zu beheben: Er forderte die im Schutze der Habsburger residierenden Bischöfe auf, ihre Diözesen zu visitieren. Da dies nicht geschah, erhielten Missionsbischöfe mit Sitz in Belgrad die Aufgabe, sich um die Katholiken der okkupierten Bistümer zu kümmern. Dagegen erhob sich bei den Exil-Bischöfen zu Beginn der 1630er-Jahre Widerstand, und ihr Wortführer war ausgerechnet der Bischof von Fünfkirchen, weil er als einer der wenigen für sein Bistum noch über eine päpstliche Bestätigung verfügte. Nachdem er es jedoch ablehnte, der Aufforderung der Missionskongregation Folge zu leisten und in seiner Diözese selber nach dem Rechten zu sehen, pflegte der Heilige Stuhl die Bischöfe künftig nicht mehr zu bestätigen. In späteren Jahren galt die katholische Gemeinde von Fünfkirchen als durch die Jesuiten vor Ort gut betreut, denn 1649 sparte der Belgrader Missionsbischof die Stadt bei seiner Visitationsreise durch die südungarischen Bistümer bewusst aus.

Nur wenige Jahre später, 1653, besuchte der nachfolgende Belgrader Missionsbischof, Mato Benlić, Fünfkirchen und vermerkte in seinem Visitationsbericht:

*»Außerhalb der Stadt wurde im oberen Vorort neben der Kirche der Aria-
ner [also der Unitarier], die früher uns gehörte, eine neue Holzkirche gebaut. Die Katholiken besitzen die Hälfte der Kirche der Arianer bzw. die
Sakristei. Im Vorort befindet sich das Haus des Jesuitenpaters; üblicher-
weise sind es zwei, die die heiligen Sakramente administrieren. Sie sind
sehr arm, haben viel unter den Türken zu leiden, und sie haben in diesen
schlechten Zeiten viel Geld verloren. (…) Es gibt hier einen Schulmeister,
einen Laien, der im Hospiz der Jesuiten Unterricht erteilt. Er wird von
den Eltern der Schüler besoldet, oft auch von den Patres. Hier haben wir
die Messe gesungen, den Illyrern [also den Südslawen] gepredigt und die
Firmung gespendet (…), insgesamt an 245 Personen. Diese Kirche benötigt keine weitere Ausstattung.«* (9)

Trotz der im Allgemeinen schwierigen Rahmenbedingungen können wir
also aus diesem Bericht doch schließen, dass es ein funktionierendes ka-
tholisches Gemeindeleben gab – wenn auch eine wohl deutlich kleinere
Gemeinde als jene der Unitarier. Gleichzeitig verweisen die Aufzeichnun-
gen auch darauf, dass sich bis zur Mitte des 17. Jahrhunderts eine klare
Tendenz herausgebildet hatte: katholisch waren, wenn überhaupt, meist
Südslawen, ferner einige Dalmatiner oder Italiener. Die Ungarn hingegen
gehörten der unitarischen oder reformierten Glaubensrichtung an. Die
Holzkirche, von der Bischof Benlić schrieb, wurde offenbar wie auch die
Schule am Tettyebach während der Besetzung der Stadt 1664 ein Opfer
der Flammen. Danach nutzten Katholiken und Unitarier die Allerheiligenkirche für knapp drei Jahrzehnte wieder gemeinsam. Die katholische
Gemeinde wuchs im Laufe der Jahre nur wenig an, für 1629 wissen wir von
30 bis 40 von Katholiken bewohnten Häusern, also von höchstens 150 bis
200 Personen.

Krieg und Zerstörung

Die in seiner Geschichte bis dahin nachhaltigste Schädigung musste
Fünfkirchen während eines neuen Konfliktes zwischen den Osmanen und
den Habsburgern erleiden. In den Jahren 1658–1662 hatte sich die Stimmung zwischen den beiden Imperien, die seit 1606 eine Waffenruhe eingehalten hatten, aufgrund von kriegerischen Auseinandersetzungen in und
um Siebenbürgen enorm aufgeheizt. In der Folge brachte die bewusste

Agitation und Provokation des »Banus« – oder Statthalters – von Kroatien, Nikolaus Zrínyi oder Zrinski d. J., im habsburgisch-osmanischen Grenzbereich das Fass zum Überlaufen. So wurden beide Seiten durch das eigensinnige Verhalten von Teilen des ungarischen und kroatischen Hochadels allmählich in einen Krieg gedrängt. Das Osmanische Reich hatte sich unter den Großwesiren der Familie Köprülü seit Mitte des Jahrhunderts wieder etwas zu festigen begonnen. So konnte Sultan Mehmet IV. im Frühjahr 1663 einen größeren Feldzug gegen das Haus Österreich einleiten. Angeführt wurde das Heer von Großwesir Ahmed Köprülü, denn die Sultane zogen schon lange nicht mehr selbst ins Feld. Dieser begab sich zunächst nach Ofen, in die Hauptstadt des Eyalets Buda, um von dort seine weiteren Feldzüge gegen habsburgische Grenzfestungen zu planen. Mit der Eroberung der Festung Neuhäusel in Oberungarn im September hatte die osmanische Armee zwar einen großen Sieg errungen, doch war dies zugleich ein Fanal, das eine europaweite Gegenoffensive auslöste.

Fünfkirchen lag währenddessen noch weitab der Kriegsschauplätze. Die Stadt hat diesem Krieg, der recht bald auch hierhin kommen sollte, jedoch eine ihrer wertvollsten Beschreibungen zu verdanken. In einer Vorausabteilung des türkischen Heeres von 1663 befand sich nämlich der osmanische Schriftsteller Evliya Tschelebi, der über alle seine Reisen durch die Länder des Osmanischen Reichs und durch die Nachbarländer ausführliche Schilderungen verfasste. Unter den Beschreibungen der Garnisonsstandorte im osmanischen Ungarn finden wir auch seine Ausführungen über Fünfkirchen aus den letzten Monaten vor dessen Zerstörung. Ausführlich beschreibt er die Verteidigungsanlagen der Stadt, die Stadtmauern mit den Gräben, 87 Basteien und Türme, 5.500 Schießscharten, fünf Tore und die Ausmaße der Stadt selbst. Er fährt fort:

»*Muslimische Stadtteile hat sie sieben; ihr einziger christlicher Stadtteil liegt außerhalb des Ofener Tores. In der Stadt gibt es keine Ungarn, Bulgaren, Serben, Griechen, Armenier und Franken [also Deutsche], aber Juden schon. Sie hat insgesamt 2200 islamische Häuser, die niedrigere und höhere, altertümlich gestaltete schöne Steinbauten sind; zu ihrer Beschreibung erweist sich die Sprache als ungenügend. Das Dach eines jeden Hauses wird von lauter schmuckvollen rosa Dachziegeln bedeckt, wie ich sie in keinem Land gesehen habe. Ihre kleineren Häuser sind aber mancherorts mit Bretterschindeln bedeckt. (…) Jedes Haus hat Wein-*

gärten, Gärten, Wasserbecken und Springbrunnen. All ihre Straßen sind schachbrettartig gepflastert. In welche Richtung wir auch immer schauen, so sind diese Straßen von einem Stadtende bis zum anderen sichtbar. Entlang der ganzen Straße gibt es auf beiden Seiten besonders saubere Gehsteige mit breitem Steinpflaster.« (10)

Schon bald darauf sollte ein ungarischer Autor eine verblüffend ähnliche Beschreibung Fünfkirchens verfassen. Es war dies der Offizier Paul Esterházy, der sich im Heer von Nikolaus Zrínyi d. J. befand. Der Banus von Kroatien, der durch den Bau einer neuen Grenzburg und durch Überfälle auf osmanisch besetztes Gebiet den neuen Krieg mit provoziert hatte, fügte sich nur schwer in die gesamthabsburgische Verteidigungsstrategie ein. Kaiserlicher Oberbefehlshaber war Raimondo Graf Montecuccoli. Zwischen ihm und Zrínyi als dem Befehlshaber der Süd- oder Mur-Armee, die aus Truppen des ungarischen Hochadels und kaiserlichen Einheiten gebildet wurde, bestanden unüberbrückbare Gegensätze – Zrínyi betrieb weitgehend seinen eigenen Krieg. Die Winterpause nutzend, während der sich die türkischen Truppen in ihre Winterquartiere am Bosporus und in Anatolien zurückzogen, unternahm die Mur-Armee Plünderungen und Eroberungen in den südlichen Teil des osmanischen Ungarn – den berüchtigten Winterfeldzug Zrínyis. Dabei zerstörten die Adelstruppen nicht nur militärische Stellungen der Osmanen, sondern verwüsteten das ganze Land einschließlich von rund 500 bis 800 Dörfern, die sie niederbrannten und aus denen sie rund 12.000 Stück Vieh wegführten. Damit schwächten sie aber nicht allein den militärischen Gegner – das flache Land und die Dörfer waren nämlich ganz überwiegend von Christen bewohnt, sodass die Arroganz des ungarischen Hochadels die Grundlage jenes Landes zerstörte, das als das eigene beansprucht wurde. Die noch zwanzig Jahre später feststellbare weitgehende Entvölkerung der näheren und weiteren Umgebung von Fünfkirchen ist wesentlich auf dieses Ereignis zurückzuführen. Als die wichtigste osmanische Stadt der Region wurde dabei auch Fünfkirchen im Januar 1664 Ziel des Winterfeldzugs. Esterházy hielt seinen Eindruck von der Stadt, bevor sie verwüstet und niedergebrannt wurde, wie folgt fest:

»Der Umfang der Innenstadt ist so groß, dass er meines Erachtens sogar das österreichische Wien überragt (…). Es gibt sechzehn Moscheen in der Stadt, wovon viele mit Kupfer, andere mit Blei und die meisten mit

Erzblech bedeckt sind. Zwei davon ragen hervor. Die eine neben dem Bischofssitz bzw. der Burg, an die sie mit ihrem sehr hohen Turm angegliedert ist, und die andere neben dem Ofener Tor (…) – Gebäude, die feinen Geschmack verraten. Innerhalb der Mauern gibt es sogar zwei Bäder, geschmückt mit Marmorfußboden, Springbrunnen aus Erz und gewölbten Kristallfenstern. Auch auf den Plätzen und Straßen gibt es verschiedenartige Springbrunnen, (…) sogar die Straßenkreuzungen wurden meist aus viereckigen Steinen gefertigt, man sieht noch zahlreiche, vor allem aus Holz errichtete beachtliche Gebäude. Innerhalb der Mauern gab es außer den Moscheen etwa siebentausend Häuser. Die Stadt hat fünf Tore: östlich eins, wodurch wir nach Ofen gelangen, südlich noch eins, woher sich der Weg nach Siklós und Esseg öffnet, westwärts sind es zwei, die nach Sziget führen, und zuletzt eins aus Richtung Norden, wenn wir jenes nicht dazurechnen, das den Fußgänger aus der Burg in die Weingärten und in die Berge führt. Sie hat auch einen Sitz bzw. eine ansonsten mit der Stadt verbundene Burg, von der sie nur durch einen Festungsgraben getrennt ist. Dort kann auch der ehemalige Dom gesehen werden, der der alten Sitte entsprechend von runden Steinmauern umringt wird.« (11)

Beide Beschreibungen zeigen, dass im Falle von Fünfkirchen eine beeindruckende Symbiose der alten mitteleuropäisch konzipierten Bischofs- und Handelsstadt mit der islamischen Kultur entstanden war: geradlinige Straßenverläufe, Stadtmauern und Bischofsburg wurden beibehalten, die Moscheen ersetzten die Kirchen, neu hinzu kam die Kultur der Springbrunnen, Bäder und Basare.

Die Truppen Zrínyis und des Grafen Wolfgang Julius von Hohenlohe beeindruckte jedoch bestenfalls die Größe der Stadt, die ihr auch diesmal zum Verhängnis wurde: Am 28. Januar 1664 drangen die Soldaten der Südarmee in die Vorstädte Fünfkirchens ein und schonten selbst jene der Christen nicht. Am 29. Januar folgte die Einnahme der Stadt, in die sich ein Teil der Besatzung von Szigetvár geflüchtet hatte, die aber ihrer Größe wegen enorm schwer zu verteidigen war. So wurde – wie der Schässburger Stadtschreiber Georg Kraus in seiner »Siebenbürgischen Chronik« detailgetreu berichtet – im Morgengrauen die Erstürmung an sieben Stellen gleichzeitig begonnen, begleitet von Kanonenbeschuss. Weil ganze Abschnitte der langen Stadtmauer von den Verteidigern nicht besetzt werden konnten, drangen die Angreifer rasch ein und öffneten die Tore. Die hineinströmenden Soldatenmassen – die Zahlenangaben zur Südarmee reichen bis zu 19.000 – verfolgten die osmanische Besatzung, bestenfalls wenige Tausend Mann, bis zur Festung, der alten Bischofsburg. Hier verschanzten sich die Verteidiger und leisteten erbitterte Gegenwehr, sodass sich die übermütigen Angreifer, die die Festung im Sturm zu nehmen dachten, zunächst hinter schützende Häuser zurückziehen mussten. Kraus schreibt weiter:

> »Inzwischen aber hatten sich etliche Rotten Ungarn und Kroaten zum Plündern begeben und große Confusion verursacht (…), wurden also eine ziemliche Anzahl der Stadtleute samt Weibern und Kindern, so sich in die Festung zu begeben versäumten, niedergehauen, wiewohl die christlichen Bürger zu schonen befohlen wurde (…), dass also derselbe erste Tag meist mit Plündern und Brennen wider alles Verbot zugebracht wurde.« (12)

Über 400 Handelsgewölbe, also Lager und Warenhäuser, wurden aufgebrochen und die Vorräte regelrecht vernichtet, der Wein aus den Fässern seiner unmittelbaren Bestimmung zugeführt, sodass weite Teile der Armee bald handlungsunfähig waren. »Was Glück hat man von solchen Völkern zu hoffen?«, resümiert Kraus resignierend.

Bei dem Versuch, während der Folgetage trotz fehlender schwerer Geschütze die Festung einzunehmen, erlitten die Truppen der Mur-Armee erhebliche Verluste, selbst unter den hohen Offizieren. Während der Fortsetzung der Belagerung zog Zrínyi mit Truppenteilen zur Zerstörung der strategisch wichtigen Brücke über die Drau und ihre Sümpfe bei Esseg, einen guten Tagesritt südlich Fünfkirchens. Nach seiner Rückkehr wurde beschlossen, die Belagerung aufzuheben:

> »Jedoch weil wegen Mangel an groben Stücken [großen Kanonen] nichts zu gewinnen noch zu hoffen gewesen und weil man befürchtete, es möge sich das Wetter weich machen [tauen] und dann sei schwer aus dem Land zu kommen, also ist endlich beschlossen worden, daß man abziehen und die Stadt in Brand stecken solle.« (13)

Eine andere Überlieferung besagt, dass Zrínyi dem zweiten Befehlshaber seiner Armee, Wolfgang Julius von Hohenlohe, die vermutete große Beute in der Festung nicht gönnte und die Belagerung deswegen abbrach. Jedenfalls wurden neun Zehntel der Stadt in Schutt und Asche gelegt.

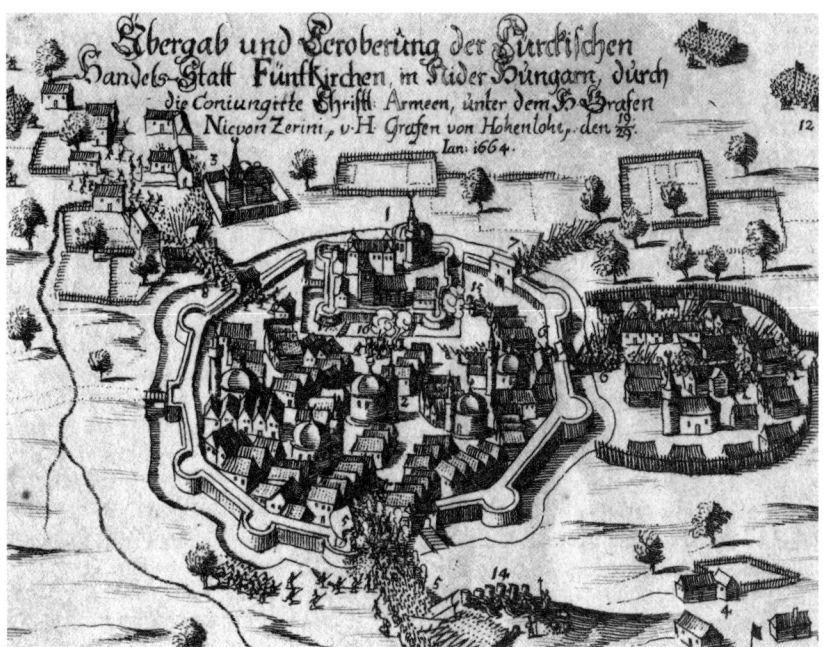

Abb. 9: Ein zeitgenössischer Stich stellt die Belagerung Fünfkirchens durch die Mur-Armee im Januar 1664 schematisch dar: Gut zu erkennen sind die Festung, im Osten die christliche Ofener Vorstadt und im Westen (hier etwas nördlich gedreht) die Moschee des Hassan Jakováli und die Szigeter Vorstadt.

Nur die alte Bischofsburg, in die sich nicht nur osmanische Offiziere und Soldaten, sondern auch Angehörige aller denkbaren Völkerschaften und Religionen zurückgezogen hatten, entzog sich der Vernichtung.

Nikolaus Zrínyi wurde anschließend – wie schon sein Urgroßvater gleichen Namens, der die Festung Szigetvár 1566 bis zum letzten Mann verteidigt hatte – wie ein Held gefeiert, Flugblätter lobten den Winterfeldzug als großen Erfolg der Christenheit. Aber bereits Montecuccoli hatte erkannt, dass Zrínyis Vernichtungskampagne durch jenes Land, das man selbst beanspruchte, und gegen dessen christliche Einwohner ein grundlegender Irrtum war. Die Historiographien der Ungarn und der Kroaten, die Zrínyi beziehungsweise Zrinski für sich beanspruchen, tun sich beide bis heute schwer damit, ihn mit kritischer Distanz und nicht als Helden zu betrachten.

Im Frühjahr 1664 belagerte die Südarmee die osmanische Festung Kanizsa, wurde aber im Juni von der unter Großwesir Köprülü erneut heranrückenden osmanischen Armee vertrieben. Nach der Einnahme weiterer Festungen war abermals Wien das Ziel der siegessicheren Osmanen, doch konnten sie von Montecuccoli mit einer nur halb so großen Armee am 1. August bei St. Gotthard an der Raab deutlich geschlagen werden – der weitere Vormarsch auf den »Goldenen Apfel« war gestoppt, der nachfolgende Friede von Eisenburg sicherte den Status quo und brachte eine längere Waffenruhe zwischen den Reichen der Habsburger und der Osmanen.

Die zwanzig Jahre, für die der Frieden gelten sollte, war die Zeit der größten Ausdehnung des Osmanischen Reiches in Europa. In den vorausgegangenen Auseinandersetzugen hatten die Osmanen weite Teile der ostungarischen Komitate mit der Festung Wardein sowie die Festung Neuhäusel im Norden ihrem Herrschaftsbereich eingegliedert. Die Osmanen waren außenpolitisch anderweitig gebunden und auch die Habsburger konzentrierten sich in ihrer Ungarn-Politik auf ihr Königliches Ungarn: Der Widerstand des ungarischen Adels gegen den habsburgischen Absolutismus musste ausgeschaltet, der katholischen Kirche gegenüber dem im Adel und in der Bürgerschaft der Städte fest verankerten Protestantismus mit Nachdruck Geltung verschafft werden. Das osmanische Ungarn erhielt dadurch eine gewisse Verschnaufpause, zumindest in Ansätzen war eine Erholung möglich. Angesichts der enormen Zerstörungen und mangels einer konsequenten Wirtschafts- oder Siedlungsförderung durch die osmanische Landesherrschaft konnten im südlichen Ungarn aber nicht wirklich Erfolge verzeichnet werden, es blieb ein verwüstetes und entvölkertes Land. Als Markgraf Ludwig von Baden im Oktober 1686 auf Fünfkirchen zog, schrieb er an Kaiser Leopold I. über seine Eindrücke:

> »Von dem Lande ist nichts zu erholen, dessen Constitution so schlecht und alles von den Croaten und Gränizern, vielleicht auch Tartarn dermaßen verwüst und ruiniert, dass ich Euer Kayserlichen May[estä]t nicht genugsam beschreiben kann. Es mögen wohl in der Landtkarten und vor Zeiten vill Dörfer hier gewesen sein, ich aber kann unterthänigst versichern, daß ich noch dato fast kein einziges außer heute ettliche mit hohen Grass überwachsene Brandstätten angetroffen.« (14)

Als Verwaltungs- und Handelszentrum aber behielt Fünfkirchen, auch wenn es sich nach 1664 nicht wieder zu früherer Größe zu erheben vermochte, weiterhin eine hervorgehobene Rolle. Es war der Vorort eines Sandschaks und der Bey der Stadt galt etwas unter den Vornehmen der europäischen Provinzen. Noch im Sommer 1683 wurde ein Leibwächter des Sultans dadurch ausgezeichnet, dass ihm das Sandschak Fünfkirchen verliehen wurde.

FÜNFKIRCHEN ZWISCHEN HABSBURGISCHEM FISKUS UND KATHOLISCHEM KLERUS (1686–1780)

Der nächste grundlegende Einschnitt der Stadtgeschichte lässt sich wie schon 1543 abermals fast auf Tag und Stunde genau ausmachen: Es war der 16. Oktober 1686, als kaiserliche Truppen unter dem Befehl des Markgrafen Ludwig von Baden, des »Türkenlouis«, die Stadt in Besitz nahmen. Am 22. Oktober folgte die Übergabe der Festung durch die osmanischen Truppen. Die osmanische Regierung war damit für die Stadt und mittelbar für die umgebende Region mit einem Schlag zu Ende. Diesem folgenreichen Datum gingen drei bewegte Jahre voraus.

Die habsburgische Eroberung Ungarns

An der Hohen Pforte folgte den Großwesiren aus der Familie Köprülü mit Kara Mustafa ein weniger bedachter Amtsträger nach. Er war weder über den Stand der europäischen Militärtechnik und -taktik noch über die politischen Verhältnisse in Europa orientiert. Zudem ließ er die Hohe Pforte wegen innerer Reibungen mit den Habsburgern im dreigeteilten Ungarn in eine unkalkulierbare Unternehmung schlittern. Als Reaktion auf massive Rekatholisierungsbestrebungen der Habsburger und auf ihre absolutistische Regierung in Oberungarn entstand nämlich ab 1678 unter einem Adeligen der Region, Imre Thököly, eine Gegenbewegung mit großem Zulauf. Seine Anhänger nannten sich in Anlehnung an einen früheren Aufstand »Kuruzzen« (Kreuzfahrer). Thököly richtete 1682 in Oberungarn ein eigenes Fürstentum unter dem Schutz des Sultans ein. Ungarn war damit viergeteilt und das Osmanische Reich um eine Provinz größer. Dieses Vasallenfürstentum geriet durch die Habsburger in ernsthafte Bedrängnis, sodass sich die Hohe Pforte zum Handeln genötigt sah – und von Thököly dazu gedrängt wurde. Allerdings passte ein Kriegszug gegen Wien durchaus in die politische Vorstellungswelt des Großwesirs Kara Mustafa, sagt man ihm doch nach, er habe nach der Eroberung in Wien ein eigenes Sultanat einrichten wollen.

Nach rund zwei Jahrzehnten zog im Frühsommer 1683 erstmals wieder ein osmanisches Riesenheer durch Ungarn. Der Sultan blieb in der Festung Belgrad an der Donau zurück und wartete das weitere Geschehen ab. Ab Mitte Juli belagerte Kara Mustafa mit seinem über 150.000 Mann zählenden Heer Wien, während die Truppen der »Renner und Brenner« Niederösterreich in weitem Umkreis um die Hauptstadt verwüsteten. Erst rund zwei Monate nach Beginn der Belagerung konnte ein europäisches Entsatzheer unter Führung des polnischen Königs die entscheidende Wende herbeiführen: Die Schlacht am Kahlenberg am 12. September 1683 leitete die Zurückdrängung der Osmanen aus Mitteleuropa ein. Schwäche und Rückständigkeit des Reiches des Sultans wurden den europäischen Mächten nun erstmals voll bewusst. 1684 kam auf Initiative des Papstes die »Heilige Liga« zwischen dem römisch-deutschen Kaiser Leopold I., dem König von Polen und dem Stadtstaat Venedig zustande, um die Osmanen an mehreren Fronten anzugreifen. Das erste und vordringlichste Ziel, die Eroberung Ofens als des Hauptortes der Osmanen in Ungarn, missglückte 1684 zunächst. Als die kaiserlichen Armeen die Festung Ofen nach zweieinhalbmonatiger Belagerung am 2. September 1686 aber schließlich eroberten, begann eine gnadenlose Abrechnung mit der muslimischen Besatzung. Zugleich war die Eroberung der alten ungarischen Hauptstadt der Auftakt zu einer enormen Siegesserie der Truppen Leopolds I.: Ende September kamen Simontornya und Szeged, am 20. Oktober Kanizsa, am 30. Oktober die Festung Siklós, am 12. November jene von Kaposvár in die Hand der Verbündeten. Einer ihrer herausragenden Feldherren war dabei Markgraf Ludwig von Baden, zugleich war es sein erstes selbstständiges Armeekommando. Seine Siege im Laufe der folgenden Jahre sollten ihn unter dem Namen »Türkenlouis« legendär werden lassen. Dieser war es auch, der zwischen dem 16. und 22. Oktober die Einnahme und Eroberung von Fünfkirchen leitete.

Als Markgraf Ludwig mit seinen Truppen vor der Stadt anrückte, hatten die Türken die – wie schon 1664 – mit kleiner Besatzung nicht zu verteidigende Stadt in Brand gesteckt und sich in die Festung zurückgezogen. Die Kaiserlichen drangen in die Stadt ein, löschten die Feuer und begannen tags darauf mit der Belagerung und Beschießung der Festung. Am 22. Oktober musste sich die Besatzung schließlich ergeben, so deutlich waren diesmal die Kräfteverhältnisse. Die Angaben über die osmanischen Truppen in der Burg schwanken stark, sie gehen von 1.200 bis zu höchstens 2.000 – ein Zeichen dafür, dass die Osmanen trotz alarmierter und eilig zusammengezogener Kräfte keine größere dauerhafte Militärpräsenz mehr unterhalten konnten. Der Burgbesatzung wurde für die Übergabe freier Abzug nach Szigetvár zugesagt, das noch von den Osmanen gehalten wurde. Nach der Verheerung und Brandschatzung durch die Zrínyi-Truppen 1664 war die Brandlegung durch die Türken und die Beschießung der Festung durch die Kaiserlichen ein weiterer massiver Schlag gegen die materielle Existenz der Stadt, zumal gegen die noch vorhandene historische Bausubstanz. Den osmanischen Verteidigern war es durch das islamische Recht nicht gestattet, Land des Islam, *darülislâm*, kampflos aufzugeben, sie mussten zumindest die Festung bis zur Überwindung durch die Belagerer halten – die alte Bischofsburg genauso wie der zur Moschee umgewandelte Dom wurden dabei teilweise zerstört.

Der größte Teil der Truppen Markgraf Ludwigs zog bereits nach wenigen Tagen weiter, um die verbleibende Zeit bis zum Winter zur Eroberung weiterer Festungen zu nutzen – lediglich Szigetvár und Kanizsa blieben im südlichen Ungarn zum Jahresende 1686 noch in türkischer Hand, beide abgeschlagen im kaiserlich besetzten Gebiet. Fünfkirchen und Siklós hingegen wurden zu Operationszentren und Festungen der Kaiserlichen, trotz der enormen Zerstörungen. Stadtkommandant wurde unmittelbar nach der Einnahme Johann Karl von Thüngen, der zusammen mit dem für Fünfkirchen bestellten Kriegskommissar Johann Ernst Kößler für die Versorgung der Stadt und der Truppen mit den nötigsten Gütern – Nahrung, Unterkunft, militärische Ausrüstung – sorgen musste. Zuständig für das südliche Ungarn war die Grazer Hofkammer, die den Nachschub über die Drau und auf dem anschließenden rund 40 bis 50 Kilometer sich anschließenden Landweg mit enormer Kraftanstrengung meisterte. Andererseits mussten Thüngen und Kößler auch dafür sorgen, dass die Soldaten, deren Zahl jene der verbliebenen Einwohner Südungarns um ein Mehrfaches überstieg, die wenigen Ortsansässigen, Rückkehrer und die Ansiedlungswilligen verschonten. Von Anfang an war die Devise ausgegeben worden, dass die eroberten Gebiete Ungarns neu zu besiedeln und für den Fiskus nutzbar zu machen seien. Auch die hohen Kriegsausgaben waren nach Möglichkeit aus den Einnahmen der eroberten Gebiete zu decken. Deswegen wurde auch die Festung Fünfkirchen über den Kriegskommissar unmittelbar von der Wiener Hofkammer und nicht etwa von der ungarischen Hofkanzlei, die für die Regierung des königlichen Ungarn zuständig war, verwaltet.

Wie schon während der Zeit der osmanischen Eroberungen im 16. Jahrhundert sollte die herausgehobene militärische Bedeutung Fünfkirchens auch rund eineinhalb Jahrhunderte später nur von kurzer Dauer sein: Zusammen mit Siklós bildete Fünfkirchen die Hauptbasis für die entscheidenden militärischen Schläge des Jahres 1687 gegen die Osmanen. Diese kulminierten in der Schlacht bei Nagyharsány am 12. August 1687. Der fulminante Sieg der kaiserlichen Truppen unter Herzog Karl von Lothringen, Markgraf Ludwig von Baden und Kurfürst Max Emanuel von Bayern über die Osmanen brachte nicht nur deren Reichsgefüge kurzzeitig ins Wanken, sondern wurde von christlicher Seite als Gegenpart zur Niederlage bei Mohács 1526 gesehen. Deswegen wurde die Schlacht von 1687 bewusst nach dem benachbarten Mohács benannt, um gewissermaßen die Revanche auch mithilfe des Namens deutlich zu machen. In den folgenden Wochen und Monaten konnte eine große Zahl weiterer Festungen in Ungarn und Slawonien von den Osmanen erobert und Siebenbürgen kampflos Wien unterstellt werden – Kaiser Leopold I. stand dank des Erfolgs seiner Armeen als uneingeschränkter Sieger da. So konnte der ungarische Reichstag in Pressburg noch im Oktober jenes Jahres nicht umhin, einen weitreichenden Beschluss zu fassen: Die Habsburger wurden als erbliche Könige von Ungarn anerkannt und der Adel verzichtete auf sein 1222 erworbenes und seither laufend praktiziertes Widerstandsrecht – die Grundlagen für das werdende Großreich der Habsburger waren nun komplett.

Die Stadt als fiskalisches Gut

Auch in Fünfkirchen und seiner Umgebung wandelten sich indessen die Verhältnisse. Dank der meist gut funktionierenden Militärlogistik mit laufender Versorgung der Truppen und dank strenger Anweisungen, die Einwohnerschaft der eroberten Gebiete zu schonen, blieben die sonst bei Kriegszügen üblichen Verwüstungen aus. Ansiedlungswillige waren von Anfang an gerne gesehen. Das nahezu entvölkerte Fünfkirchen war tatsächlich von Anbeginn ein Ort, der Neusiedler anzog. Dies war umso mehr nötig, als die bisherigen muslimischen Einwohner, auch die zivilen, die Stadt zu einem großen Teil verließen: Zum einen gebot ihnen ihre Lesart des islamischen Rechts, bislang islamisches Land, das in die Hand von Nichtmuslimen geraten war und wo es keine Möglichkeit mehr gab, den eigenen Glauben ungehindert auszuüben, zu verlassen. Zum anderen aber zogen sie den osmanischen Truppen auf den Balkan nach, an deren Bedarf sie als Handwerker oder Handelsleute angepasst waren. Allerdings verschwanden keineswegs alle Muslime aus der Stadt, denn die neuen Machthaber nahmen, nach den Grausamkeiten der unmittelbaren Eroberung, keine Vertreibungen vor. Wir können sie noch während der folgenden rund eineinhalb Jahrzehnte weiterverfolgen, wenn auch in immer kleiner werdenden Gruppen. Erst um 1700 verschwinden sie vollständig aus den Quellen. Es handelte sich dabei um südslawische Muslime, Bosnier, Serben, Kroaten, die um 1686 die Bevölkerungsmehrheit der Stadt ausgemacht hatten und nun in durchaus großer Zahl zum Katholizismus konvertierten. Oder sie schlossen sich jenen orthodoxen Serben an, die während der Kämpfe auf dem Balkan unter ihrem Patriarchen Arsenje III. Crnojević 1690 ins zurückeroberte Ungarn flohen. Wenn auch die Schwerpunktsiedlungen in anderen Gegenden Ungarns liegen sollten, so bildeten diese »Raitzen« künftig sowohl in Fünfkirchen als auch im Umland der Stadt eine eigene Gruppe.

Neben Ungarn zogen nach Einrichtung der kaiserlichen Verwaltung vor allem Deutsche in die Stadt zu. Ein Schwerpunkt ihrer Herkunft war der schwäbische Reichskreis des Heiligen Römischen Reiches, aber sie kamen auch aus Bayern und Böhmen, aus den österreichischen Erblanden und aus anderen Städten Ungarns. Kurz nach der Jahrhundertwende machten die Deutschen über die Hälfte der Einwohner mit Bürgerrecht und rund ein Fünftel der Steuerzahler aus. Schon 1691 erhielten diese Neubürger das Recht, sich einen eigenen Richter zu wählen, dem Sitz und Stimme im Rat der Stadt zukam. Damit waren drei Gruppen innerhalb des sich neu organisierenden Fünfkirchen rechtlich konstituiert, die Ungarn, die »Illyrer«, also die Südslawen, und die Deutschen. Während die Ungarn um 1700 zahlenmäßig etwa ein Viertel der Stadtbevölkerung ausmachten, stellten Südslawen, Dalmatiner und Griechen rund die Hälfte der Einwohnerschaft; diese Gruppe ging teilweise auf die vom Islam zum Katholizismus konvertierten Siedler aus dem Umfeld der Osmanen zurück. Zudem wurde vereinbart, dass jedes zweite Jahr ein Deutscher das Bürgermeisteramt bekommen solle. Schon fünf Jahre nach Überwindung der Osmanen hatte die Stadt, dem österreichischen Fiskus untergeordnet und vom kaiserlichen Militär verwaltet, bereits wieder eine Struktur und versprach zu prosperieren. 1701 hatte die Stadt 725 steuerzahlende Einwohner; zählt man deren Familien und einen gewissen Anteil hinzu, der keine Steuern zahlte, so mag die Stadt rund 4.500 Einwohner gehabt haben, was durchaus für einen beachtlichen Aufschwung gegenüber dem nach wie vor darbenden Umland steht. Eine andere Quellenangabe, wonach von den 3.221 Familien, die man 1692 in den Komitaten Baranya und Tolna zählte, die Hälfte allein Fünfkirchen gelebt habe – also eine zivile Bevölkerung von mindestens 6.000 Personen –, scheint etwas überzogen, sei hier dennoch erwähnt. Die erste größere Heimsuchung – nachdem die Gefahr osmanischer Bedrohung durch die Eroberung auch der Festung Szigetvár ab 1689 weitgehend gebannt war – war eine Pestepidemie 1690, die einen ersten demographischen Rückschlag brachte. Die Bewohner gelobten, eine Kapelle auf dem Berg oberhalb des Tettyebaches zu errichten, sobald die Seuche überwunden sein werde. Sie lösten dies Versprechen bereits im Folgejahr 1691/1692 ein und bauten die Kapelle Maria Schnee, der Überlieferung nach mit eigenhändig den Berg hochgetragenen Steinen. Zu Beginn und gegen Ende des 18. Jahrhunderts renoviert und erweitert, strahlt sie noch heute weiß auf dem Bergrücken über der Tettye-Siedlung, der nach der Kapelle Schneeberg (Havi hegy) genannt wird.

Die Stadt wird wieder katholisch

Diese Episode weist auf einen besonderen Aspekt der Stadtgeschichte hin: die Kirchen. Unmittelbar nach der Einnahme der Stadt im Oktober 1686 setzte nämlich eine grundlegende Neuorientierung in konfessioneller wie in bevölkerungspolitischer Hinsicht ein. Unter den Offizieren der Eroberungsarmee befand sich auch ein katholischer Priester, Matthias Ignaz Radanay, als Festungskommandant von Zalavár im Grenzkrieg mit den Türken erfahren. Dieser zeichnete sich sowohl durch Eifer im Kampf wie auch durch Eifer für seine Kirche aus. 1687 ernannte ihn Kaiser Leopold I. zum Bischof von Fünfkirchen – nach über 140 Jahren den ersten, der wieder zumindest zeitweilig in der Stadt residierte. Da aber alle Kirchen zerstört waren und die Festung mit dem Dom nach der Eroberung vom Militär besetzt war, machte Radanay die Allerheiligenkirche kurzerhand zur Bischofskirche. Die hier immer noch existierende Gemeinde der unitarischen Ungarn war für ihn ein nicht weniger verhasster Gegner als die muslimischen Besatzer. Mit der neuen Staatsmacht im Rücken stellte er diese wie die anderen Protestanten, vor allem Reformierte, vor die

Wahl, zum Katholizismus zu konvertieren, reumütig »zurückzukehren«, oder vertrieben zu werden. Er stellte sich damit in eine Reihe mit den radikalen Gegenreformatoren, die bereits in den 1660er-und 1670er-Jahren in Oberungarn für größte Unruhe sorgten und den sogenannten Kuruzzenaufstand ausgelöst hatten. Aber im südlichen, von den Osmanen eroberten Ungarn hatte die katholische Kirche in der Regel keine Gegenwehr zu gewärtigen: Die lutherischen und unitarischen Gemeinden waren an Zahl zu schwach, ein möglicherweise protestantisch ausgerichteter Grundherr oder ein wohlhabendes städtisches Bürgertum fehlten als Schutzschilde vollständig, der Rekatholisierung waren Tor und Tür geöffnet. Lediglich im Falle von reformierten, also kalvinistischen Gemeinden, die de jure in Ungarn ohnehin Religionsfreiheit hätten genießen müssen, stieß die Gegenreformation im südöstlichen Teil des Komitats auf Widerstand und machte bis auf Weiteres einen Rückzieher.

Radanay nahm umgehend den Neuaufbau der katholischen Kirche in der weitgehend zerstörten Stadt in die Hand. Der katholischen Gemeinde, die möglicherweise inzwischen größer war als die Gruppe der protestantischen Ungarn, gehörten vor 1686 ganz überwiegend Südslawen an, betreut von der kleinen Jesuitenmission. Die Jesuiten waren es schließlich auch, die die große Ghazi-Kassim-Moschee auf dem Marktplatz als eigene Kirche übernahmen. Schon unmittelbar nach der Einnahme der Stadt im Oktober 1686 wurde hier der erste Dankgottesdienst für die kaiserlichen Truppen abgehalten. Es war durchaus üblich, dass muslimische Gotteshäuser nach der Eroberung, provisorisch eingerichtet, als christliche Kirchen genutzt wurden, in der Hauptstadt Ofen war das nicht anders. Eine Umgestaltung erfolgte erst sehr allmählich. Die Muslime wurden in Fünfkirchen jedenfalls sofort nach der Einnahme der Stadt aus ihren innerstädtischen Moscheen gewiesen, die teils als Kirchen hergerichtet, teils profanen Nutzungszwecken zugeführt wurden. Die Jesuiten nahmen ihre Aufgabe sehr ernst: Schon im November 1686 fingen sie damit an, Konvertiten zu taufen und in die katholische Kirche aufzunehmen. In den folgenden zwei Jahren waren dies rund 2.200 Personen, überwiegend Muslime und Unitarier. Den inzwischen alteingesessenen Fünfkirchnern war es wichtiger, in ihrer Heimatstadt weiterzuleben als ihre Religion an ungewissem Ort zu pflegen. Die neuen Zuwanderer waren ohnehin fast ausschließlich Katholiken. Auch ein Teil der Orthodoxen der Stadt und der Region verband sich der katholischen Kirche 1690 durch eine Union mit Rom. So konnte der glaubenseifrige Bischof Radanay bereits im Frühjahr 1692 erreichen, dass die Stadt ein Gelöbnis einging, nämlich

> *»hinfüro weder Lutheraner, Kalviner, Schismatiker [Orthodoxe], Aria-ner [Unitarier] noch Juden oder Heiden [Muslime] jemehr im Weichbilde der Stadt zu dulden, wegen der vielen und mannigfaltigen Zerwürfnis-se, die aus der Verschiedenheit der Religion entstanden«.* (15)

Jene, die sich diesem Diktat der neuerdings maßgeblichen Kirche und der Staatsmacht nicht beugten, wurden ab 1693 in ein vor der Stadt gelegenes Dorf ausgesiedelt: Ráczváros oder Raizenstadt, also ein Vorort, in den jene orthodoxen Serben zogen, die sich der Kirchenunion nicht anzuschließen bereit waren. Aber auch Juden und andere Konversionsunwillige müssen darunter gewesen sein. Die gegenseitige Abneigung zwischen Katholiken und zumal zwischen Jesuiten und Unitariern kam auch dadurch zum Ausdruck, dass nun im Zentrum der neuerdings wieder christlichen Stadt, in der Kirche und bald auch mit der Pestsäule auf dem Marktplatz (1713), die Heilige Dreifaltigkeit in den Mittelpunkt der Frömmigkeit gestellt wurde – eine eindeutige Abgrenzung gegenüber den die göttliche Dreieinigkeit verneinenden Unitariern, ein Zeichen des Sieges über ihre früheren Gegner, die in türkischer Zeit meist die Oberhand behalten hatten.

Der resolut auftretende ehemalige Festungskommandant und nunmehrige Bischof Radanay lieferte sich einen jahrelangen heftigen Streit mit den kaiserlichen Stadtkommandanten und dem Wiener Hofkriegsrat: Das Militär hielt seit der Eroberung der Festung die alte bischöfliche Residenz und den Dom besetzt, sodass der Bischof zwar zusehen musste, wie die eintreffenden Orden an ihre ehemaligen Wirkungsstätten zurückkehren konnten, er aber als »Heimatloser« sein Recht noch nicht durchsetzen konnte. 1697 wandte sich die kaiserliche Hofkammer an den Hofkriegsrat zwecks Rückerstattung der Güter des Bistums. Immerhin wurde in jenem Jahr eingeführt, dass dem Bischof als dem alten Stadtherrn seitens der Stadtbewohner ein »herrschaftlicher Pachtschilling« zu zahlen sei. Erst 1699, zwölf Jahre nach seiner Ernennung durch den Kaiser, wurde Radanay vom Papst im Amt bestätigt, und so konnte er 1700 feierlich in sein Amt eingeführt werden: »*und begann mit wahrem Feuereifer seine apostolischen Arbeiten*«. (16) Nun wurden staatlicherseits auch Teile des Bistumsbesitzes freigegeben, so die Bischofsburg mit dem Dom. Die reichen Kirchengüter des Bistums, von der Krone noch einmal aufgestockt, wurden in den ersten Jahren der Amtszeit des Nachfolgers aufgeteilt: Die Hälfte stand dem Bischof zu, ein Viertel dem Domkapitel, also den Domherren, mindestens sechs an der Zahl, schließlich jeweils ein Achtel dem Dom selbst und dem Priesterseminar. Wie hoch so ein Anteil sein konnte, lässt sich am Besitz der Domkirche ersehen, der 325 grundherrliche Bauernstellen und große Teile des Mecsek-Gebirges ausmachte.

Den erobernden kaiserlichen Truppen folgten die katholischen Orden auf dem Fuße. Einige waren an der Finanzierung der Türkenkriege maßgeblich beteiligt und erhielten nun von der Krone Kompensationen in Form neuer Besitzungen in Ungarn. Die enge Verbindung zu den österreichischen Ländern, aus denen die meisten kamen, ließ sich noch lange daran ersehen, dass die österreichischen und ungarischen Ordensprovinzen eine Einheit bildeten. Ohne Zeitverzögerung trafen die Orden auch in Fünfkirchen ein. Zu den Jesuiten, die bereits präsent waren, stießen 1687 die Franziskaner, 1691 die Dominikaner, 1700 die Augustiner, schließlich die Kapuziner und die Pauliner. Diese und im Laufe des 18. und 19. Jahrhunderts nachfolgende weitere Ordensgemeinschaften und Kongregationen prägten künftig nicht nur das Stadtbild, sondern auch das geistige und gesellschaftliche Leben Fünfkirchens. Hinzu kam, dass dem Bischof als dem alten Stadtherrn ab 1697 nicht nur ein »herrschaftlicher Pachtschilling« zu zahlen war. Nachdem der Haudegen Radanay 1703 gestorben war und mit Wilhelm Graf Nesselrode ein in den Augen Wiens integrer und berechenbarer Geistlicher ins hohe Amt berufen werden konnte, übergab der kaiserliche Fiskus die Stadt dem Bischof zum Eigentum – der grundherrschaftliche Zustand der Zeit vor 1543 wurde also wieder hergestellt.

Mit dem Frieden von Karlowitz 1699 war der Krieg zwischen dem Reich der Habsburger und jenem der Sultane zunächst eingestellt und die Diözese Fünfkirchen hatte auch im Süden bis hin zur neuen Reichsgrenze beinahe wieder ihre mittelalterliche Ausdehnung erreicht. Die Übertragung der Stadt an den Bischof zeigt zugleich, dass ihr künftig keine besondere militärische Rolle mehr zukommen sollte. Sie beherbergte zwar einige Einheiten und spielte bei der Versorgungslogistik eine wichtige Rolle. Für den militärischen Schutz aber waren nun die zum Teil verstärkten Festungen weiter südlich und entlang der größeren Flüsse zuständig. Auch ihre mittelalterlichen und zu Verteidigungszwecken längst nicht mehr tauglichen Befestigungen wurden nicht weiter ausgebaut. Lediglich im Umfeld der Festung, der Bischofsburg, wurde ein nicht bebaubarer Verteidigungsabstand beibehalten. Innerhalb der Stadt gab es angesichts des großen befestigten Areals noch auf lange Sicht genügend Bau- und Entfaltungsmöglichkeiten für die Bewohner und für neuen Zuzug.

Mit Nesselrode bestieg der Vertreter eines alten westdeutschen und katholischen Adelsgeschlechts den Bischofsstuhl. Davor war er Propst in Münster in Westfalen, dann im ähnlich Fünfkirchen neu aufzubauenden Stuhlweißenburg. Durch seine Persönlichkeit und seine Tatkraft sollte Nesselrode die Stadt und ihren Charakter während der kommenden drei Jahrzehnte maßgeblich prägen. Er war nun der Stadt- und Grundherr, gegen dessen Willen die Stadtbürger nichts auszurichten vermochten. Zugleich wurde die Würde des Obergespans, also des obersten Vertreters des Komitats Baranya, wieder mit jener des Bischofs der Diözese Fünfkirchen verbunden. Neben dem Bischof waren es die Domherren des Fünfkirchener Domkapitels, die das kirchliche und gesellschaftliche Leben der Stadt deutlich mitgestalteten. Wie bereits im Mittelalter nahmen sie überwiegend im unmittelbaren Umfeld des Dombezirks in der Oberen Kapitelsgasse und Unteren Kapitelsgasse Quartier. Bekannt ist das Haus des Dompropstes am östlichen Ende der Oberen Kapitelsgasse (heute Zsolnay-Museum), das bereits im 14. Jahrhundert erwähnt wurde, schon in vorosmanischer Zeit einen Propst beherbergte und nach 1686 wieder im Besitz der geistlichen Herren war. Das barocke Wappen mit der Mantelmadonna über dem Hauptportal geht auf den Großpropst Nikolaus Givovich zurück, der es um die Mitte des 18. Jahrhunderts dort anbringen ließ.

Binnen weniger Jahre nach der Eroberung für den regierenden Habsburger als dem König von Ungarn wurde Fünfkirchen also zu einer Stadt des katholischen Klerus und der Orden – und das in einer Region, in der die katholische Kirche um 1600 bis auf wenige Reste fast gänzlich verschwunden war und sich bis 1686 nur in Ansätzen erholt hatte. Hingegen wurde Fünfkirchen als eines der Zentren des Unitarismus wie überhaupt des Protestantismus in Ungarn von der Landkarte und weitgehend bis heute auch aus dem historischen Gedächtnis gelöscht. Auch Juden und Muslime verschwanden aus der Stadt: Die letzten verbliebenen Juden wurden gemeinsam mit den Protestanten ausgegrenzt, und um 1700 waren bereits keine Muslime in der Stadt und ihrer Umgebung anzutreffen, sie waren weggezogen oder konvertiert.

Wieder sinnlose Zerstörung

Der Beginn des neuen Jahrhunderts brachte 1703 aber nicht nur einen Wandel im Stadtregiment, sondern schon 1704 erneut unsägliches Unheil. Eine Vielzahl an Missständen, zum Teil über Jahrzehnte, gar Generationen hin angestaut, führten 1703 zu einer regelrechten Explosion in der ungarischen Gesellschaft. Schon in den 1660er- und 1670er-Jahren war der absolutistisch regierende Monarch mit dem sich selbstständig gerierenden ungarischen Adel im königlichen Ungarn hart ins Gericht gegangen. Hinzu kam eine mit brutalem Terror ausgeübte Rekatholisierung, die in den ersten Jahren des Großen Türkenkriegs ihren blutigen Höhepunkt erreichte. Sodann wurden die in Ungarn rückgewonnenen Gebiete oft nicht dem alten Adel zurückerstattet, sondern aufgrund des Eroberungsrechts an getreue, meist deutsche Grundherren vergeben, die zu entlohnen waren. Hinzu kam, dass die katholische Kirche und ihre Orden mit aller nur denkbaren Macht ausgestattet wurden, um die protestantischen, nun schon seit eineinhalb Jahrhunderten in Ungarn heimischen Konfessionen zurückzudrängen. Diese Unzufriedenheit mit dem Haus Habsburg, seiner Armee und seiner Kirche ließ, ausgehend von Oberungarn, eine gewaltige Bewegung entstehen, der sich weite Teile des ungarischen Mittel- und Kleinadels, reformierte Bauern und irreguläre Truppen anschlossen. Dieser »Kuruzzenaufstand« erfasste das gesamte historische Ungarn und sollte ihm während acht Jahren unbeschreibliches Elend und sinnlose Verwüstung bringen, kein Ort in Ungarn oder Siebenbürgen, der in dieser Zeit nicht mindestens einmal niedergebrannt worden wäre. Die in der ungarischen Geschichtsschreibung für diesen Aufstand bis heute verwendete Bezeichnung »Freiheitskrieg« ist ein unreflektierter Euphemismus; in ganzen Landstrichen kippten nach diesem Aufstand die demographischen und ethnischen Verhältnisse aufgrund der Entvölkerung durch Krieg, Mord und Seuchen. Wirtschaft, Infrastruktur, Administration waren zerstört. Den König von Ungarn, Kaiser Leopold I., band der Spanische Erbfolgekrieg im Westen des Kontinents, in seinen östlichen Ländern vermochten seine wenigen Soldaten nicht für die Sicherheit der gerade im Neuaufbau befindlichen Orte zu sorgen.

Fünfkirchen musste diese Schutzlosigkeit schon zu Anfang Februar 1704 erfahren. Die Kuruzzen forderten die Stadt auf, eine enorme Summe zu zahlen, um der Plünderung und dem Niederbrennen zu entgehen. Die Stadt war den Kuruzzen, überwiegend reformierte Ungarn, in mehrfacher

Hinsicht ein Dorn im Auge: Unter dem Schutz des Kaiserhauses wurde sie zu einer Hochburg des Katholizismus und die Deutschen spielten inzwischen eine zahlenmäßig große Rolle. Diese beiden Gruppen, die stellvertretend für die neuen Landesherren standen, und die orthodoxen Serben waren es denn auch, die am meisten unter den Kuruzzen zu leiden hatten. Die Stadt fiel nämlich rasch in ihre Hände, und die Bürger, die sich ihnen nicht anschlossen und aus Kaisertreue die Verteidigung aufnahmen, wurden in die Festung abgedrängt. Katholische Geistliche, Deutsche und Serben wurden verfolgt, gefoltert und ermordet, nach drei Tagen gab es bereits 800 Tote. Die Kuruzzen wüteten insgesamt sechs Wochen in der Stadt und plünderten sie aus, ehe sie vor den herannahenden Truppen des Kaisers wieder fortzogen. Aber nein, nicht reguläre kaiserliche Soldaten waren es, die Wien verdingt hatte. Diese kämpften überwiegend an den Kriegsschauplätzen des Spanischen Erbfolgekriegs. Es waren vielmehr serbische Truppen, Raizen, Verbündete des Kaisers, begleitet von einigen wenigen kaiserlichen Offizieren, die die Kuruzzen hätten vertreiben sollen. Ihr Wirken war jedoch noch viel grausamer als jenes der ungarischen Rebellen. Der Jesuitenobere von Fünfkirchen, Franz Koller, schrieb Ende März 1704 an seinen Provinzial:

»*Die Rebellen [Kuruzzen], meistens Wesprimer, Pápaer und andere Kalviner aus derselben Gegend, wüteten durch volle sechs Wochen furchtbar in der Stadt (...). Die Kirchen wurden entheiligt und geplündert, aber im Vergleich mit dem, was die Raizen taten, können die Rebellen noch gütig und sanftmütig genannt werden. (...) Sie gehorchen keinem ihrer Offiziere. Wohin sie nur kommen, da morden, rauben, brennen und sengen sie; auch die Fruchtgarben stecken sie in Brand, was die Rebellen nicht taten. (...) Die Stadt ist dergestalt verwüstet, verlassen und ausgeplündert, dass sie nur allein von Hunden mehr bewohnt wird. (...) Es ist nicht zu beschreiben, welche Grausamkeiten sie auch gegen schwangere Frauen und Kinder verüben; die sie nicht töten, die schlagen sie in Fesseln, führen sie in die Gefangenschaft und verkaufen sie vermutlich den Türken.*« (17)

Koller wie ein Teil der Geistlichen und der Bewohner konnten sich auch diesmal, wie schon in früheren Jahrhunderten, wieder in die Festung Szigetvár und nach Esseg flüchten. Die Bewohner von Fünfkirchen waren bis auf

»eine einzige alte und bucklige Frau auf diese Art ausgerottet, (dann) ha-
ben die erwähnten Slawonen und Raizen während ihres Rückzugs die
Stadt (...) an unterschiedlichen Örtern in Brand gesteckt und mit den
Hausmöbeln und den darin befindlichen Werkzeugen eingeäschert«, (18)

wie ein kaiserlicher Kommissar in einem Bericht von 1710 festhielt. Die
Serben hätten eigentlich im Dienste des katholischen Kaisers die vor allem protestantischen Kuruzzen vertreiben sollen. Mangels rigider Kon-
trolle und Führung aber gewann ihr Hass gegenüber den katholischen
Deutschen die Oberhand. Diese hatten nämlich bereits damit begonnen,
die Orthodoxen aus dem südlichen Ungarn zu verdrängen, einerseits wegen ihrer Konfession, andererseits wegen ihrer wenig ergiebigen und kaum
Steuern einbringenden Wirtschaftsformen. In Fünfkirchen etwa wurde
den orthodoxen Raizen in der Innenstadt die Kirche weggenommen und
sie wurden in eine Vorstadt verwiesen, sodass die serbischen Truppen, offenbar von zwanzig orthodoxen Priestern in ihren Reihen angefeuert, ihrem blinden Hass auf die Jesuiten freien Lauf ließen. Ein Domherr stellte
Anfang Mai, als sich die Raizen zumindest aus der Stadt zurückgezogen
hatten, fest:

»Der Kathedralkirche wurde außer einigen Bildern, zwei Messbüchern
und drei Portatilen alles geraubt. Nicht ein Kelch blieb uns, womit wir
die heilige Messe lesen könnten. Die Domherrenhäuser sind rein ausge-
plündert und die Domherren bis aufs Hemd ausgezogen worden. Von den
Klöstern der Franziskaner, Dominikaner, Pauliner und Kapuziner ste-
hen nur die Mauern und Dächer (...). Denn nachdem auch die wenigen
Priester, die wir hatten, hingemordet und die Kirchen durchwühlt und
rein ausgeplündert sind, so hab ich gar nichts, womit ich für das Volk das
heilige Messopfer feiern könnte.« (19)

Die Menschen zogen allmählich wieder in die Stadt. Von den Deutschen
waren nicht mehr als 42 Steuerzahler übrig geblieben und in den Dörfern
des Komitats hatte kein Einziger überlebt. Es war beinahe wie nach 1686,
als die Osmanen verdrängt wurden: Ein abermaliger Neuanfang war nötig,
der aber um so zögerlicher in Gang kam, als große äußere Unsicherheit
herrschte, zunächst noch seitens der Raizen, dann aber auch durch die
nach und nach ganz Ungarn und Siebenbürgen verheerenden Kuruzzen.
1706, 1707 und vor allem 1708 standen sie wieder vor der Stadt und bela-

gerten sie über mehr als einen Monat, von der Mecsek-Seite her erfolgte heftiger Beschuss. Eine Einnahme blieb Fünfkirchen jedoch erspart, dafür wurden in der Umgebung die Mühlen, Weinberge, Ziegelöfen, das Getreide zerstört und das Vieh geraubt. 1709 erließ der Bischof den Bürgern auf ihr Ansuchen hin angesichts ihrer Armut – die meisten ernährten sich von Maisbrot – die Entrichtung des Zehnten. Zu allem Elend folgten, wie so oft nach Kriegen und Belagerungen, 1710 und noch schlimmer 1713 Pestepidemien, denen man erneut mit frommen Werken zu begegnen suchte: So sollte die während der letzten großen Pestwelle rund zwei Jahrzehnte zuvor errichtete Kapelle Maria Schnee neu hergerichtet und vergrößert, eine der Dreifaltigkeit geweihte Pestsäule errichtet werden. Das Abflauen und Verschwinden der Seuche wurde wohl diesem Handeln zugeschrieben und stärkte die inzwischen ohnehin schon allgegenwärtige katholische Frömmigkeit in der Stadt. Gleichzeitig begann die Bürgerschaft mit der Einrichtung eines Krakenhauses, wofür unter anderen der Bischof einen Meierhof zur Verfügung stellte.

Die Stadt des Klerus und der Orden

Mit dem Frieden von Sathmar kehrte 1711 schließlich auch die Rechtssicherheit zurück: Die Kuruzzen begaben sich mit einem ruinierten Land unter die Herrschaft des Kaisers und ungarischen Königs, die Privilegien der ungarischen Stände und die Religionsfreiheit wurden bestätigt – beides Errungenschaften, die für das südliche Ungarn kaum von Belang waren, da es dort keinen etablierten ungarischen Adel gab und die wenigen verbliebenen Protestanten kaum Fürsprecher hatten. In Fünfkirchen war zu diesem Zeitpunkt nämlich bereits ein Prozess in Gang gekommen, der das 18. Jahrhundert nachhaltig prägen sollte: Es wurde eine Stadt des Klerus und der Orden. Mit der Übergabe der Stadt als Grundherrschaft an den Bischof 1703 war der rechtliche Zustand wiederhergestellt, der bis 1543 gegolten hatte: Es war ein städtisches Gemeinwesen in unmittelbarer Abhängigkeit von einem Grundherrn, hier des Bischofs. Dieser war in aller Regel zugleich auch Obergespan des Komitats Baranya, also oberster königlicher Vertreter und bei Bedarf auch Heerführer des Komitats, machmal in Personalunion auch benachbarter Grafschaften. Die Stadtbürger verfügten also nicht über die gleichen Freiheiten wie etwa Bewohner königlicher Freistädte, waren in ihrer Vertreterwahl, ihrer Rechtsprechung, bei Besitzerwerb oder Steuerbemessung massiv eingeschränkt. Dies musste bald zu Konflikten führen, zumal ein großer Teil der neuen Bewohner aus Gegenden im Heiligen Römischen Reich zugewandert war, wo Stadtbürger über weitgehendere Rechte verfügten. Unter dem sein Bistum und die Interessen seiner Kirche mit Nachdruck vertretenden Bischof Nesselrode hatte 1717 der Vorstoß der Fünfkirchener auf Erringung größerer städtischer Unabhängigkeit noch keine Aussicht auf Erfolg.

Nesselrode hinterließ hingegen maßgebliche Spuren im Kirchenwesen. Unter seiner Führung wurden die Kriegsschäden am Dom behoben, ein barockes Portal wurde errichtet und die vollständig neu anzuschaffende Innenausstattung im Stil des Barock gestaltet. Eine ganze Reihe Seitenkapellen wurde eingerichtet und mit Altären ausgestattet, eine Sakristei wurde angebaut. Die Repräsentations- und Wohngebäude in der Burg mussten wiederhergestellt und den Ansprüchen angepasst werden. Die Burg selbst blieb bis auf Weiteres erhalten, und das Militär achtete darauf, dass deren Umfeld von der Stadt her nicht zugebaut wurde. Während Nesselrodes Amtszeit verfügte das Bistum noch nicht über höhere Einkommen, die wirtschaftliche Wiedererschließung des südlichen Ungarn hatte gerade erst begonnen, sodass größere Baumaßnahmen noch nicht möglich waren. Zu erwähnen ist aber etwa die Umgestaltung des Derwisch-Klosters und der Moschee vor dem Szigeter Tor in ein Spital mit einer Spitalskapelle: Die Moschee des Hassan Jakováli wurde zu einer kleinen barocken Rundkirche mit dem Patrozinium des hl. Johann Nepomuk umgebaut, wenn auch innen schmucklos. Das alte Minarett blieb bis zum Galeriegitter erhalten. In dieser Kapelle wurde Bischof Nesselrode später beigesetzt.

Auch in der Innenstadt verschwanden die Moscheegebäude noch nicht. Manche der muslimischen Gotteshäuser wurden – ähnlich wie es den Kirchengebäuden zu Beginn der osmanischen Herrschaft erging – zunächst profaniert, schließlich herrschte Mangel an größeren Steinhäusern. Nach und nach aber wurde eine ganze Reihe der Moscheen von katholischen Orden übernommen. Nach den bereits vor Ort präsenten Jesuiten erschienen 1687 die Franziskaner in der Stadt. Über ihre Missionen in den südslawischen Gebieten unter Türkenherrschaft waren sie das ganze 17. Jahrhundert über in der Region präsent. Sie übernahmen zunächst jene Moschee mit angeschlossenen Schulgebäuden, die anstelle ihres mittelalterlichen Klosters auf Stadtseite vor dem Szigeter Tor eingerichtet worden war. Auf den in jener Zeit herrschenden Mangel wirft folgendes

Detail ein Schlaglicht: Um den Bau von Kloster und Kirche zu finanzieren, verkauften die Franziskaner 1715 das Blei des Moscheendaches. 1727 wurde ein Westchor errichtet, doch die Bauarbeiten und Erweiterungen an der Franziskanerkirche gingen letztlich bis ins 20. Jahrhundert weiter: Der Zwiebelturm folgte erst zu Beginn des 19. Jahrhunderts, die Nordfassade gar in der Zwischenkriegszeit. Der Orden übernahm die geistliche Betreuung eines Teils der Stadtbewohner und wirkte namengebend: Der westliche Teil der Hauptachse der Stadt hieß schon bald statt Szigeter Gasse Franziskanergasse.

Etwas später erfolgte die Niederlassung von Orden in der östlichen Hälfte der Hauptachse, in der Ofener Straße: Die Moschee des El-Hadji Hussein auf der Stadtseite vor dem Ofener Tor wurde zu Beginn des 18. Jahrhunderts zunächst jenen Orthodoxen als Gotteshaus zugeteilt, die sich der Union mit Rom anschlossen, also die neue unierte oder griechisch-katholische Kirche bildeten. Erst um 1740 übernahm der Paulinerorden die alten türkischen Gebäude und begann mit dem Bau einer barocken zweitürmigen Kirche, deren Hauptfront sich in die Straßenflucht einreiht. Das Gotteshaus wurde 1756 geweiht. Ein Teil des Ordenshauses geht auf die osmanische Zeit zurück und wurde in den 1760er-Jahren um einen östlichen Flügel erweitert. Der Paulinerorden ist jener Orden, der – wie erwähnt – im Mittelalter aus einer ungarischen Gründung und unter maßgeblicher Beteiligung des Bischofs Bartholomäus von Fünfkirchen hervorgegangen ist.

Eine weitere Moschee in der Ofener Straße wurde vom Dominikanerorden übernommen. Das mittelalterliche Dominikanerkloster etwas weiter südöstlich innerhalb der Stadtmauern bestand nicht mehr, sodass der Orden 1724 mit dem Bau einer Kirche und eines Klosters etwa im Bereich des heutigen Theaterplatzes begann. Heute erinnert nur das »Dominikaner Haus« (Dominikánus ház) an der östlichen Ecke des Theaterplatzes zur Ofener Straße an diesen historischen Sachverhalt.

Das Ortsbild innerhalb der Stadtmauern war nach der osmanischen Zeit, zumal nach den Bränden während der Eroberung und während der Kuruzzenkriege, von großen Freiflächen gekennzeichnet. Das Straßennetz hatte sich zwar in weiten Teilen seit dem Mittelalter erhalten. Der Baubestand war aber bis auf wenige Ausnahmen von geringer Qualität, das Vorhandene unterschied sich äußerlich wenig von ebenerdigen Bauernhöfen. Deshalb war es auch möglich, größere Gebiete geschlossen zu vergeben. So erhielt der Kapuzinerorden, einer der Zweige der Franziskaner, bereits

Abb. 10: Die römisch-katholische Stadtpfarrkirche auf dem Dreifaltigkeitsplatz in ihrer äußeren Gestaltung in der zweiten Hälfte des 19. Jahrhunderts (Zeichnung: Karl Cserna).

1698 im Süden des Hauptplatzes, etwa im Bereich des mittelalterlichen Karmelitenklosters, ein Stück Land, das bis zur südlichen Stadtmauer reichte. 1706 konnte Bischof Nesselrode die Kapuzinerkirche weihen, die die südliche Front des Marktplatzes dominiert. Daneben entstanden Ordensgebäude, allerdings verbunden mit Einschränkungen des Bischofs hinsichtlich der Zahl der Mönche und der Ausweitung der Ordenstätigkeit.

Außerhalb der Stadtmauern und südlich der Ofener Vorstadt, wo die Allerheiligenkirche noch als katholische Bischofskirche diente, übernahm der Augustinerorden 1702 eine Moschee. Sie befand sich etwa an jener Stelle, wo das mittelalterliche Kloster ebendieses Ordens stand. Die Augustiner erbauten hier anschließend die dem hl. Augustin geweiht Kirche, die Teile des muslimischen Gotteshauses mit integrierte. Auch sie beteiligten sich künftig an der geistlichen Betreuung der Stadtbewohner. Die etwas oberhalb gelegene Allerheiligenkirche blieb bis auf Weiteres in bischöflicher Hand. Wo vor den Toren der Stadt noch rund eineinhalb Jahrzehnte zuvor Protestanten und Muslime in naher Nachbarschaft ihren Gottesdienst gefeiert hatten, war nun die katholische Kirche allgegenwärtig.

Den prominentesten Platz beanspruchte, wie schon angedeutet, der Jesuitenorden. Er hatte gleich nach der Einnahme der Stadt die große Moschee des Paschas Ghazi Kassim auf dem Hauptplatz übernommen. Sie beeindruckte bereits damals durch ihre riesige Kuppel, sodass zwar die muslimische Ausstattung entfernt und die Ausmalung übertüncht wurde, das Gebäude aber ansonsten stehen blieb. Allmählich wurde es barock überbaut, der Eingang wurde von Norden auf die dem Marktplatz schräg zugewandte südöstliche Seite verlegt und mit einer Vorhalle versehen, das Minarett mit Glocken ausgestattet. Zum geplanten Turmbau kam der Orden vor seiner Auflösung jedoch nicht mehr. Wie schon in der Osmanenzeit legten die Jesuiten großes Gewicht auf das Angebot christlichen Unterrichts. Das Jesuitenseminar wurde 1694 eröffnet. Zunächst befand sich ihr Seminargebäude unmittelbar nördlich der jetzt als Kirche St. Marien geweihten früheren Moschee. Bis 1716 errichteten sie ihr neues Ordenshaus und Seminar an der westlichen Seite des Marktplatzes, das später mit einem geschlossenen Gang über den Platz mit dem Kirchenkomplex verbunden wurde. Seit 1704 diente diese Kirche zugleich als Pfarrkirche für die Bürger der Stadt, wobei während der Zeit der bischöflichen Oberhoheit stets ein Domherr als Stadtpfarrer wirkte, von 1754 bis 1764 gar Bischof Klimó selbst.

Neben der barock umgestalteten und um ein Sanktuarium erweiterten Pfarrkirche erhielt der Marktplatz schon zu Beginn des 18. Jahrhunderts durch ein markantes Denkmal eine neue Prägung und auch einen neuen Namen: Die Dreifaltigkeitssäule wurde wohl kurz nach der Pest von 1709–1713 in ausladend barocker Form in dessen Mitte errichtet, und spätestens 1722 sprach man vom Dreifaltigkeitsplatz. 1727 wurde unterhalb des Schlossberges eine Liebfrauenkapelle geweiht, 1739 errichteten die Jesuiten in der Szigeter Vorstadt die dem hl. Franz von Xaver geweihte Kapelle. Wenn wir nun noch bedenken, dass Fünfkirchen ein Priesterseminar besaß, das in den Jahren 1742–1746 am nördlichen Rand der Innenstadt ein neues großes Gebäude erhielt, so mag das Bild einer von Priestern und Mönchen, von schwarzen, grauen und braunen Kutten dominierten Stadt klare Konturen bekommen. Im unmittelbaren Umfeld der Stadt waren mit der Kapelle Maria Schnee, die schon zu Beginn des 18. Jahrhunderts weiter ausgestaltet wurde, und mit einem Kalvarienweg, der mit vierzehn Stationen 1701 direkt oberhalb der Stadt angelegt worden war, Buß- und Wallfahrtsstätten geschaffen worden, eine ganze Reihe weiterer Kapellen etwa in den Weinbergen und den Bergwerken kam hinzu.

Wie schon erwähnt, erfolgte der Zuzug in die Stadt aus allen Teilen des Habsburgerreiches, darüber hinaus vor allem aus weiteren deutschen Ländern; auch die Binnenmigration innerhalb Ungarns darf nicht unerwähnt bleiben. Deutsch scheint sich rasch als maßgebliche Sprache des öffentlichen Lebens durchgesetzt zu haben, so hatten um 1720 bereits alle Gassen und Plätze deutsche Benennungen. Im Alltag aber blieben Ungarisch, Deutsch und das Südslawische, »Illyrisch« genannt, die drei gängigen Sprachen, die etwa auch im Gottesdienst benutzt wurden.

Die »Schwäbische Türkei«

Eine andere Entwicklung war jedoch nach Beendigung der Kuruzzenunruhen im ländlichen Umfeld ganz Südungarns mit einem Schwerpunkt in der Nähe von Fünfkirchen zu beobachten. Die Landgemeinden waren durch die Kriege und unsicheren Verhältnisse des 17. Jahrhunderts zu weiten Teilen entvölkert worden, oft waren sie nur mehr von wenigen Familien bewohnt. In manchen hatten die Osmanen für südslawische Neubesiedlung gesorgt, viele lagen wüst. 1696 gab es im Komitat Baranya 127 bewohnte Dörfer. Deren Einwohnerzahl muss allerdings jeweils sehr gering gewesen sein, im Schnitt nicht über 20 bis 30 Personen, denn für das ganze Komitat sind in den Jahren nach der Türkenbefreiung nur etwas über 3.000 Einwohner nachzuweisen. Rund drei Viertel der Einwohner waren zu diesem Zeitpunkt Ungarn, der Rest überwiegend Südslawen und nur wenige versprengte Deutsche. Die neuen Grundherren – der Fiskus, die Ungarische Hofkammer, habsburgische Offiziere, der Bischof, Domherren und Orden, bald aber auch landerwerbende ungarische Magnaten – mussten Wege finden, Erträge aus ihren Besitzungen abzuschöpfen.

Die größtmögliche Rendite versprach in einer Phase anziehender Agrarkonjunktur die Ansiedlung deutscher Bauern, sodass schon bald nach dem Sathmarer Frieden eine planmäßige Anwerbung in den deutschen Ländern einsetzte. *»Mein Bistum ist fast verödet und unbewohnt, deswegen benötigt es gerade solche Leute. Ich erkläre mich bereit, Katholiken deutscher Nationalität aufzunehmen«* (20), schrieb Bischof Radanay schon 1688 im Hinblick auf schwäbische Siedler an die Hofkammer. Allerdings sei gleich zu Beginn angemerkt, dass an diesen Siedlungsvorgängen keinesfalls nur Deutsche beteiligt waren. Es fand auch eine beachtliche ungarische Binnenmigration statt, ferner Wanderungen anderer Gruppen vor allem an der Peripherie des Reiches. In den Regionen des südlichen »Transdanubien«, also in den Fünfkirchen am nächsten liegenden Komitaten Baranya, Tolna und Somogy, machten deutsche Siedler allerdings die größte Gruppe aus. Ihre Herkunft war sehr heterogen, neben österreichisch-süddeutschen Einwanderern kamen auch viele Pfälzer und Hessen nach Ungarn. Die Gruppenbezeichnung »Schwaben« ergab sich aus dem ungarischen, pejorativ gemeinten Sammelnamen jener Zeit für deutsche Siedler, wobei die tatsächlichen Schwaben nur einen Bruchteil der Neuankömmlinge ausmachten. Unter den Siedlern bestand angesichts ihrer unterschiedlichen Hintergründe, fehlenden gemeinsamen Dialekts oder auch fehlender verbindender Institutionen bis ins 20. Jahrhundert hinein kein Bewusstsein der Zusammengehörigkeit. So ist auch die heute übliche Sammelbezeichnung »Donauschwaben« erst nach dem Ersten Weltkrieg in Deutschland aufgekommen – also in einer Zeit, in der die Deutschen der neuzeitlichen Siedlungen Ungarns schon auf drei oder mehr Staaten aufgeteilt waren und in ihren Regionen keiner übergeordneten Bezeichnungen mehr bedurften. Auch ein anderer Name wurde den Deutschen in der Nachbarschaft von Fünfkirchen von außen zugedacht: Zwei historische Phänomene verbindend, wurden die nachhaltig von deutschen

Abb. 11: Ein Meisterbrief der Fünfkirchener Fassbinder vom Ende des 18. Jahrhunderts enthält eine anschauliche Vedute der Stadt und ihrer Umgebung.

Bauern geprägten Gebiete der Baranya »Schwäbische Türkei« genannt – ein Begriff, den die Schwaben schließlich selbst übernahmen und auf eine größere Region ausdehnten.

In der Umgebung von Fünfkirchen wurden viele deutsche Bauern aus den Gebieten des Hochstifts Fulda angesiedelt, sodass sich hier ein hessisch geprägter Dialekt erhalten hat, während sich diese Schwaben selber als »Stiffoller« (von Stift Fulda) bezeichnen. Damit ist ein weiterer Aspekt angesprochen: Sowohl die Wiener Politik wie auch die meisten Grundherren achteten darauf, dass nur Katholiken angesiedelt würden. Man ging während der Hauptansiedlungszeit im 18. Jahrhundert noch immer vom Ideal eines konfessionell einheitlichen Staates aus. Während dies nicht für alle Regionen galt, da einige Grundherren in religiöser Hinsicht entweder indifferent waren oder auch ganz bewusst etwa Lutheraner angesiedelt haben, so kamen in die Baranya angesichts der starken Stellung des Bischofs, des Domkapitels und des Abtes von Pécsvárad als Grundherren nur katholische Bauern und Handwerker. Die Siedler – und unter ihnen später im 18. Jahrhundert zumal Handwerker – wurden mit besonderen ökonomischen Zusicherungen angeworben, darunter vor allem eine längere Zeit der Steuerbefreiung; doch konnte dieser Rechtekatalog je nach Ansiedlungsvertrag stark variieren. Eine im südlichen Ungarn feststellbare Tendenz war die Verdrängung südslawischer, meist serbischer Siedler, deren Weidewirtschaft nur einen Bruchteil des Steuerertrags des intensiven Ackerbaues der deutschen Bauern einbrachte. Deren Ansiedlung wurde mit ansteigendem Bedarf an Getreideproduktion im 18. Jahrhundert noch intensiviert, im Allgemeinen aber war das Siedlungswerk in der Region um Fünfkirchen um 1760 abgeschlossen. Mit zunehmendem Wohlstand und Bevölkerungszunahme, ermöglicht auch durch den erfolgreich betriebenen Weinbau in der Region, kam es zur Gründung von Tochtersiedlungen, selbst zur allmählichen Übernahme ungarischer Dörfer und später schließlich zu Siedlungsvorgängen im südlich benachbarten Slawonien. Ein Sprichwort, das im Weinbaugebiet um Fünfkirchen aufkam und die Rolle der deutschen Dörfer charakterisiert, lautet: »Die Schwaben bauen den Wein, die Bosnier pflegen und die Ungarn trinken ihn.« Weinbau und Weinhandel haben übrigens auch in Fünfkirchens Wirtschaft eine wichtige Rolle gespielt.

Die Rückkehr der Wissenschaft

Für die Stadtgeschichte war einer der Fünfkirchener Bischöfe von nachhaltiger Bedeutung: Georg Klimó. Ihm lagen das Bistum, die Pflege der Bildung und der Wissenschaften in gleicher Weise am Herzen wie die Stadt und ihre Bürger selbst. Er wurde 1751 von Königin Maria Theresia zum Bischof berufen. Gleichzeitig war er Obersgespan dreier Komitate. In seiner Diözese ließ er rund 70 Dorfkirchen errichten, für Fünfkirchen aber strebte er die Gründung einer Universität an. So sorgte er dafür, dass zahlreiche gelehrte Männer dort in Dienst kamen, von denen später mehrere wichtige Forschungen zur Geschichte des Ortes und der Diözese vorlegen sollten. Er baute eine weit gefächerte wissenschaftliche Bibliothek auf europäischem Niveau auf, für die er einen eigenen Gebäudeflügel im bischöflichen Palais errichten ließ. Mit rund 15.000 Bänden machte er sie 1774 schließlich dem Publikum zugänglich – die erste öffentliche Bibliothek Ungarns. Dazu gehörten weitere bedeutende Sammlungen wie Münzen, Handschriften, Mineralien. Auch wenn ihm die Universitätsgründung nicht geglückt ist, so legte er mit seiner Stiftung doch den Grundstein für das Fünfkirchener wissenschaftliche Leben der kommenden Jahrhunderte. Heute bildet sie den kostbaren Nucleus der Fünfkirchener Universitätsbibliothek. Auf Klimó geht des Weiteren die Gründung einer Papiermühle am Tettyebach zurück, und schließlich setzte er sich dafür ein, dass Joseph Engel 1773 die Genehmigung von Maria Theresia zur Einrichtung einer Druckerei in Fünfkirchen erhielt – eine wichtige Voraussetzung für die künftige pädagogische, kathechetische und wissenschaftliche Arbeit in der Stadt.

Die Verbundenheit mit der Fünfkirchener Stadtbevölkerung zeigte Bischof Klimó dadurch, dass er ein Jahrzehnt nicht nur ihr Grundherr, sondern zugleich ihr Stadtpfarrer sein wollte. Gemeinsam mit der Bürgerschaft suchte er nach Wegen, das Verhältnis zwischen Stadt und Grundherrschaft zu klären. Dabei ging es nicht allein um die förmliche Unabhängigkeit vom Bischof als Grundherrn, sondern vor allem auch um eine diffizile Aufteilung der Güter und der juristischen Zuständigkeiten. 1764 kam es in diesem Zusammenhang zu Abstrafungen von Bürgern durch die Königin, da sie im Bemühen um eine Verbesserung des Rechtsstatus der Stadt Formen und Regeln verletzt hatten. Erst 1780, drei Jahre nach Klimós Tod, ist es den Bürgern der Stadt Fünfkirchen gelungen, für ihre Stadt den Status einer königlichen Freistadt zu erlangen. Dabei handelte es sich keineswegs um eine »Wiedererlangung«, wie es manche Quellen und vor allem manche heutige Darstellungen der Stadtgeschichte glauben machen wollten. Fünfkirchen war während des gesamten Mittelalters eine dem Bischof als Stadtherrn und Obergespan untertänige Stadt. In osmanischer Zeit konnte von einer Selbstständigkeit keine Rede sein, und lediglich für die Jahre 1686 bis 1703, als Fünfkirchen direkt dem Fiskus untergeordnet war, könnte von einer Stellung gesprochen werden, die ansatzweise in Richtung einer Freistadt ging. Die Errungenschaft des Jahres 1780 aber kannte keine Vorläufer.

Blick auf die Türme des römisch-katholischen Domes St. Peter und Paul vom Kalvarienberg

Die westliche Barbakane der alten Bischofsburg und einer ihrer früheren Ecktürme, anschließend das Bischofspalais

Relieffragment am südlichen Treppenabstieg zur Unterkirche: das romanische Original mit den von den Osmanen abgeschlagenen Köpfen und die Nachbildung vom Ende des 19. Jahrhunderts

Eingangsportal des Propsthauses in der Oberen Kapitelsgasse (heute Zsolnay-Museum), oberhalb das von einer Mantelmadonna beherrschte barocke Wappen eines Propstes von Mitte des 18. Jahrhunderts

Der steinerne Volksaltar des mittelalterlichen Doms (heute im Dommuseum)

Blick in die historischen Bestände der Klimó-Bibliothek

Die römisch-katholische Pfarrkirche St. Marien auf dem Széchenyi-Platz, im Vordergrund die Statue des Reichsverwesers Johannes Hunyadi, auf dem Berghang oberhalb ist die Kalvarienkapelle zu erkennen

Sitz des Komitats Baranya am Széchenyi-Platz, ehemals Sparkassenzentrale

Die Allerheiligenkirche in der Ofener Vorstadt mit Wehrmauer von Süden

Die Kapelle Maria Schnee auf dem Schneeberg oberhalb der Tettye-Siedlung

Turm und Nordfassade der Franziskanerkirche

Die Moschee des Hassan Jakováli, zwischen dem 18. und 20. Jahrhundert Spitalskapelle St. Johannes Nepomuk

Das Mausoleum (Türbe) für den Derwisch Idris Baba in der Szigeter Vorstadt, später Pestkapelle St. Rochus, dann Pulverturm

Die Synagoge am Kossuth-Platz

Ein Teilabschnitt der freigelegten Stadtmauer im Norden der Stadt

Blick vom Kalvarienberg auf den Ratsturm

Das Portal des ehemaligen Paulinerklosters, heute István-Széchenyi-Gymnasium

Das Eingangsportal des bischöflichen Priesterseminars

Sommerhaus der Kaufmannsfamilie Vasváry auf den Hängen oberhalb der Innenstadt, heute Komitatssitz der Ungarischen Akademie der Wissenschaften

Das Fünfkirchener Nationaltheater

Das Denkmal für Vilmos Zsolnay südlich der Innenstadt

Das Universitätstor als symbolischer Eingang zum Campus

DIE KÖNIGLICHE FREISTADT
FÜNFKIRCHEN/PÉCS (1780–1918)

Die Freude war groß, als die Stadt endlich den königlichen Freibrief erhielt. Die Bürger setzten alle Hoffnung auf die neue Freiheit, wenn Fünfkirchen keinem Grundherrn mehr untertan und ihm keine Rechenschaft mehr schuldig sein sollte. Um das prachtvoll ausgestaltete Diplom in Empfang zu nehmen, reiste eine Delegation der Stadt Ende März 1780 nach Pressburg. Als sie am 18. April wieder in Fünfkirchen eintraf, wurde eine würdige Zeremonie abgehalten, die in ein Volksfest mündete. Der Text der Urkunde wurde vom Balkon des Rathauses am Dreifaltigkeitsplatz öffentlich verlesen. Dieses Fest wurde auf dem Tettye-Berg gefeiert und begründete bis heute gepflegte Traditionen. Der Hügel oberhalb der Ofener Vorstadt erhielt seinen Namen von einem Derwischkloster, im Türkischen »tekke«, das in der zweiten Hälfte des 16. Jahrhunderts in einem früheren bischöflichen Sommersitz eingerichtet worden war. Die Schloss- beziehungsweise Klosterruinen kamen zusammen mit manchen anderen Gründen 1780 in den Besitz der Stadt und bieten seither die Kulisse für Ausflüge und gesellige Treffen.

In vierzehn Punkten regelte der königliche Freibrief die Rechte und Pflichten der Stadt. Die von der Bürgerschaft gewählte Stadtvertretung war nun nicht mehr dem Bischof, sondern der Krone und ihren Vertretern nachgeordnet. Die einzelnen Verantwortlichen innerhalb des Stadtregiments mussten nun nicht mehr vom Bischof bestätigt werden. Die Rechtsprechung und Steuerentrichtung wurde dem Usus der anderen ungarischen Freistädte angeglichen. Die Stadt erhielt Grundstücke und Immobilien zugesprochen, wenn auch der Großteil der Besitztümer noch in der Hand des Bischofs, des Domkapitels und des Bistums blieb. Und schließlich erhielt die Bürgergemeinde das Patronatsrecht, also das Recht, sich den Stadtpfarrer selber zu wählen. Davon konnte sie 1782 erstmals Gebrauch machen und wählte den Gymnasialdirektor Franz Faitscher zum Stadtpfarrer.

Mit dem Freibrief erhielt Fünfkirchen auch ein eigenes Stadtwappen verliehen, das eine befestigte Stadt vor drei Bergen zeigt, der mittlere als Zeichen des königlichen Schutzes von einer Krone geziert, die beiden anderen weinrebenbestanden, östlich fließt der Tettyebach entlang. Die Initialen »I. II. M.T.« weisen auf die Herrscher, die den Freibrief erlassen haben: Kaiser Joseph II. als Mitregent der Königin Maria Theresia. Aus der Grundfarbe Blau des Wappenschildes und dem Gold der Krone und des Zierrats um den Schild haben sich die modernen Stadtfarben Blau und Gelb entwickelt, die wir heute auf den Fahnen der Stadt wiederfinden. Der Wappenschild wird von den allegorischen Figuren der Tugend und des Fleißes eingefasst. Schließlich verlieh die Herrscherin der Stadt die weitgehenden Rechte durchaus mit Berechnung. So heißt es einleitend im Freibrief:

> *Wir haben tief darüber nachgesonnen, welche Vorteile die Könige und Herrscher von jenen Völkern haben, die eine Stadt oder politische Körperschaft gründen, welche Entwicklung aus der Übereinstimmung entspringt (...), was von der Wirtschaft der einzelnen Staaten erwartet werden kann, schließlich was für Vorteile sich aus der Gründung verschiedener Städte und aus ihrer Ausstattung mit Freiheitsprivilegien ergeben, welcher Nutzen dem König und dem Volk aus Handel und Warenaustausch entspringt, und so gelangten Wir leicht zu der Überzeugung, dass wir zur Genehmigung solcher Vergünstigungen, zur Gründung und Vergrößerung von Städten unsere gnädige Zustimmung geben.* (21)

Maria Theresia und ihr Mitregent hatten also ausdrücklich wirtschaftliche Interessen im Blick, als sie Fünfkirchen von der bischöflichen Grundherrschaft befreiten. Der Wiener Hof war nämlich schon seit Jahrzehnten bestrebt, die Wirtschaft und das Steuersystem Ungarns im Geiste des Merkantilismus zu reformieren, er scheiterte jedoch am Widerstand der ungarischen Stände, des Adels und des Klerus. Diese sahen nur ihre Eigeninteressen und verteidigten ihre Privilegien krampfhaft, wodurch sie Ungarn zunehmend in eine ökonomische Abseitslage manövrierten. Die Privilegierung einzelner Städte, die – wie schon im Mittelalter – wirtschaftliche Prosperität und somit steuerlichen Gewinn sowie ein Gegengewicht zum Adel versprachen, war somit ein vom Wiener Hof mehrfach eingesetztes Instrument.

Und ganz anders als in den größten Teilen Ungarns hatte Fünfkirchen somit auch kein belastetes Verhältnis zu Joseph II., dessen Initialen die Stadt auch heute, nach der politischen Wende, wieder im Wappen führt. Kaiser Joseph II., der sich ganz bewusst nicht zum ungarischen König krönen ließ, wollte sein Imperium grundlegend reformieren. Er verordnete eine Vielzahl an Reformen kraft seiner Kompetenz als absoluter

Herrscher und hatte es dabei vor allem auf die verkrusteten Verhältnisse in Ungarn und Siebenbürgen abgesehen. Dort klammerten sich die Stände an ihre mittelalterlichen Privilegien, die jeder modernen Staats- und Wirtschaftskonzeption zuwiderliefen. Er versuchte Ungarn innerhalb kurzer Zeit so nachhaltig zu reformieren, dass das Land kurz vor dem Kollaps stand. In Fünfkirchen fiel die josephinische Reformphase jedoch in eine Zeit des gesellschaftlichen und ökonomischen Aufbruchs, sodass die Wahrnehmung des sonst in Ungarn gar nicht geliebten Kaisers eine andere war. Selbst die in Ungarn als Provokation aufgefasste Verordnung Josephs II., Deutsch als allgemeine Verwaltungssprache zu verwenden, konnte die Stadt nicht sonderlich empören, da es zusammen mit Ungarisch zu jener Zeit eine Lingua franca der Bürgerschaft war. Und schließlich gab es noch einen weiteren Grund, warum die Stadt dem Reformkaiser hätte zugetan sein können: Im Zuge der Neuordnung des höheren Unterrichts verlegte Joseph II. 1785 die Rechtsakademie aus Raab, eine von vieren in Ungarn, nach Fünfkirchen. Dass sie schon 1802 wieder zurückverlegt werden sollte, konnte man während der Aufbruchstimmung der 1780er-Jahre nicht ahnen. Joseph II. kannte Fünfkirchen übrigens von einer seiner zahlreichen Reisen durch seine Länder, die ihn im Mai 1770 auch hierher führte. Das Haus, in dem er während seines Aufenthalts übernachtete, stand an der Stelle des heutigen neuen Komitatshauses am Dreifaltigkeitsplatz.

Ein Teil von Josephs Reformen wirkte sich in besonderer Weise auf das städtische Leben Fünfkirchens aus. Bereits 1773 war der Jesuitenorden vom Papst aufgelöst worden. Joseph hatte auch mit Nachdruck zu diesem Schritt gedrängt, da ihm der Orden nicht vertrauenswürdig genug erschien. Während seiner Alleinregierung ging er jedoch noch weiter: Er strebte eine klare Regelung der religiösen Belange und vor allem der Güter religiöser Institutionen an, auch die Volksbildung wollte er lieber in staatlicher Hand wissen. In unserem Kontext ist entscheidend, dass Joseph 1782 und 1783 die Aufhebung aller Orden im Habsburgerreich verfügte. Dies führte zu einer nachhaltigen Veränderung des Straßenbildes von Fünfkirchen, aus dem die bis dahin prägenden Kutten der Mönche verschwanden. Zusammen mit der Emanzipation von der Vormundschaft des Bischofs führte das zwar nicht zu einer Säkularisierung der Stadt, wohl aber zu einer nachhaltigen Verdrängung des geistlichen Elements. Fünfkirchen wurde nun zu einer Bürgerstadt, in der auch ein wichtiger und wohlhabender Bischof und ein Bistum ihren Sitz hatten, in der aber künftig Handel und Gewerbe die bestimmenden Faktoren werden sollten. Die Aufhebung der Orden und die Lösung vom Bischof führten bald zu unklaren Verhältnissen in der geistlichen Betreuung, sodass das Stadtgebiet 1790 in vier Pfarreien aufgeteilt werden musste (Stadtpfarrkirche, Domkirche, hl. Augustin, hl. Franziskus).

Das Toleranzedikt Kaiser Josephs II. – eine der wenigen Reformen, die er auf dem Totenbett 1790 nicht zurücknahm – erlaubte es nun auch anderen Konfessionen, sich in den Städten niederzulassen und Gotteshäuser zu errichten. Für Fünfkirchen bedeutete dies, dass die früher hier heimischen protestantischen Glaubensrichtungen wieder Einzug halten konnten, doch sollte es noch einige Jahrzehnte dauern, bis sich durch neuen Zuzug wieder Gemeinden bildeten.

Prosperierende Wirtschaft und neues Stadtbild

Die Stadt begann nun sehr rasch, sich auch äußerlich zu verändern. Die Stadtbürger ließen ihrem Gestaltungs- und Geltungsdrang freien Lauf. Dies äußerte sich zunächst in neuen Wohn- und Geschäftshäusern, bald aber auch in öffentlich genutzten Gebäuden oder in Kirchenbauten. Neben den nun laufend neue Fachkräfte anziehenden Erwerbsbereichen des Handels und des Gewerbes setzte auch die Entwicklung eines neuen Wirtschaftszweiges ein: 1782 wurde die erste Kohlengrube des Fünfkirchener Gebirges, des Mecsek, eröffnet. Der Bergbau wurde langsam ausgedehnt, 1803 wurden neue reiche Kohlenfelder entdeckt. Die Stadt erhielt das Recht, die Gruben zu verpachten, 1808 folgte die Einrichtung einer Bergdirektion, die die Bergbautätigkeit künftig steuern sollte. Es entstanden mehr als zwanzig kleine Kohlenbergwerke. Es dauerte jedoch noch einige Jahrzehnte, bis sich der Kohlenbergbau wirklich auszahlen sollte, da die Förderung angesichts niedriger Holzpreise zunächst kaum Gewinn abwarf. Hingegen nahmen die Handwerke jeder Art einen großen Aufschwung, darunter gut vertreten Leder- und Eisen verarbeitendes Gewerbe, Weberei oder Papierherstellung, mit vierzehn Mühlen entlang des Tettyebaches spielte selbst die Müllerei eine gewisse Rolle. Die Zahl der Meister und Gesellen betrug in den ersten Jahrzehnten des 19. Jahrhunderts über 1.000, wobei sich viele von den Zunftschranken lösten und ihr Handwerk selbstständig ausübten. Der aus dem Weinhandel mit den Nachbarprovinzen abgeschöpfte Gewinn wurde von den Handwerkern

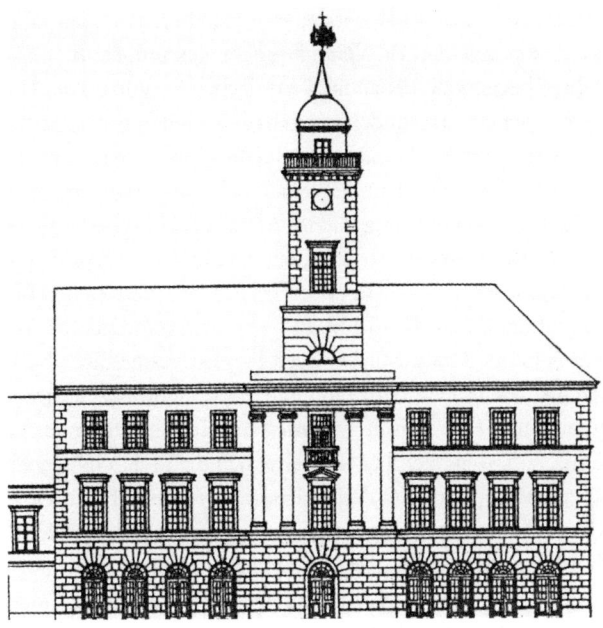

Abb. 12: Entwurf der klassizistischen Rathausfassade zur Ofener Gasse hin (1829).

und Händlern in kleine Manufakturen investiert – emsiger Gewerbefleiß, wohin man blickte.

Zusammen mit dem Handel, der allmählich wieder über die nähere Umgebung der Schwäbischen Türkei zu reichen begann, erwirtschafteten die Bürger genügend Kapital, um der Stadt ein neues Gesicht zu geben. Der Klassizismus hielt Einzug mit neuen Bürgerhäusern, die zunächst am Dreifaltigkeitsplatz, dem zentralen Marktplatz, und in den beiden Hauptgassen, der Ofener und der Franziskanergasse, zu finden waren. Die aufgelassenen Klöster konnten zeitweilig für öffentliche Belange genutzt werden, mittelfristig mussten aber auch neue Gemeinschaftsbauten errichtet werden. Das barocke Rathaus im Süden des Dreifaltigkeitsplatzes, das kurz nach der Türkenzeit errichtet und dann nur noch repariert und erweitert wurde, genügte den Ansprüchen der Stadt nicht mehr, deren Bevölkerung und Aufgaben nun stark gewachsen waren. So entstand in den Jahren 1830 bis 1834 an der Stelle des alten Rathauses ein neues, größeres Gebäude in eleganten klassizistischen Formen, versehen mit einem hohen Ratsturm zur Ofener Gasse hin.

Im näheren Umfeld des Dombezirks war es bereits in den Jahrzehnten davor zu einschneidenden Veränderungen gekommen: Bereits in den 1780er-Jahren begann die Bebauung von Flächen im Vorfeld der Burg, die bis dahin aus Sicherheitsgründen frei gehalten worden waren. So entstanden die Häuser zwischen Barbakane und Schlossplatz. Der äußere Wandel sollte aber bald viel weitreichender sein. Noch stand nämlich die alte Bischofsburg, die sichere Festung, die im Mittelalter und in der Osmanenzeit das letzte Refugium für Bischof, Klerus, Besatzung und Bürger war. Ein Graben, eine Mauer und ein hoher Torturm versperrten den Blick auf den Domplatz und zum Dom hin. Im Jahr 1819, während der Amtszeit des Bischofs József Király, wurde dieser Torturm schließlich abgetragen, es folgten die Mauern vor dem Domplatz – der Dombezirk öffnete sich erstmals zur Stadt hin. Dahinter wurde nun nicht nur das mehrfach erweiterte Bischofspalais sichtbar, sondern auch die in den Jahren vor 1800 neu gestaltete Burgpfarrei mit dem Stiftsarchiv rechts vor dem Dom. Und der Blick wurde frei auf den seit 1807 im Umbau befindlichen Dom. Statische Probleme, historische Beschädigungen, vielfältige Bauergänzungen aller Stilrichtungen ließen eine grundlegende Renovierung notwendig erscheinen. Mit dieser wurde Michael Pollack, der später auch das Ungarische Nationalmuseum in Pest bauen sollte, beauftragt. Er gestaltete den Dom bis 1827 einheitlich klassizistisch um und entfernte oder verdeckte die Spuren der wechselhaften Baugeschichte. Diese Zeit der Öffnung und Integration des Dombereichs in die Stadt ist zugleich die Zeit einer allmählichen Wiederannäherung von Bischof und Bürgerstadt. Vor allem im Bereich der Bildung wurde die Kooperation intensiviert, wofür Bischof Ignác Szepessy ein Begriff werden sollte.

Es waren aber nicht nur der Bischof und die Orden, die sich in Kirchengebäuden darzustellen bestrebt waren, auch die Stadtgemeinde selbst wurde hier erstmals seit dem Mittelalter wieder handelnd tätig. Für die Stadtpfarrkirche auf dem Dreifaltigkeitsplatz hatten noch die Jesuiten den Bau eines Kirchturmes geplant, nachdem ein Blitz das zugleich als Glockenturm genutzte Minarett im 18. Jahrhundert zerstört hatte. Nach der Ordensauflösung kam es aber nicht mehr zur Umsetzung dieser Pläne. Die Stadtgemeinde, die die Kirche 1780 nach Überführung der Gemeindefahnen aus dem Dom in feierlicher Prozession übernommen hatte, musste in ihre Verantwortung aber erst allmählich hineinwachsen. Größerem Einsatz der Bürger stand natürlich auch bald entgegen, dass König Franz I. mit dem Gymnasium, dem früheren Jesuitenseminar, auch die

Kirche 1813 dem Zisterzienserorden übertrug. Nun erfolgten einige Veränderungen: Die alte Umfriedung der Kirche wurde entfernt und 1823 ließ die Stadtgemeinde die Kirche überholen, bevor ihr das Gotteshaus 1829 von den Zisterziensern wieder rückübertragen wurde. Äußerlich erinnerte nun, nachdem auch der Kirchturm im Nordwesten erhöht wurde, kaum etwas an eine Moschee – die Stadtpfarrkirche war ein in schlichten klassizistischen Formen gestalteter Kuppelbau, der sein Pendant auf dem Kalvarienberg hatte: 1814 war dort der Kalvarienweg aus freigebigen Stiftungen der Stadtbürger mit vierzehn steinernen Stationen neu angelegt und eine klassizistische kleine Rundkirche errichtet worden. Die weithin sichtbare Kalvarienkapelle auf dem Berg oberhalb der Stadt und die Stadtpfarrkirche St. Marien im Stadtzentrum korrespondierten mit ihren damals spitz zulaufenden Kuppeln und den nördlich bzw. südlich unmittelbar vorgebauten Glockentürmen bis in die 1930er-Jahre – beides Zeichen des neuen Bürgerstolzes der Stadt.

Doch nicht allein in den Bereichen der Wirtschaft und der Architektur konnte man nach der Erhebung Fünfkirchens zur Freistadt riesige Fortschritte feststellen. Auch in der Kultur eröffneten sich nun neue Perspektiven. Zwar hatte es bereits seit 1727 gelegentliche Theateraufführungen von Wanderschauspielern gegeben, auch die Jesuiten hatten mit ihren Schülern am Gymnasium Stücke einstudiert. Aber es blieb doch die Ausnahme, Fünfkirchen war aufgrund der klerikalen Stimmung keine interessante Station für Theatertruppen. Diese entdeckten die Stadt erst ab 1785 wieder, und ab der Jahrhundertwende spielten sie hier regelmäßig. Es waren in den ersten Jahrzehnten nur deutsche Stücke, die gespielt wurden, erst ab 1818 besuchten auch ungarische Theatergruppen die Stadt. Das Theater wurde zu einem festen Bestandteil des gesellschaftlichen Lebens, und hier spiegelten sich mitunter auch beginnende politische Spannungen zwischen den Sprachgruppen oder überhaupt zwischen sozialen und politischen Parteiungen wider. Das ungarische Theater war noch lange Zeit vom deutschen stark beeinflusst, teilweise wurden die gleichen Stücke aufgeführt, doch allmählich ergänzten sich die Repertoires der Theatertruppen. In Fünfkirchen fehlten lange Zeit Theaterräume, sodass die Aufführungen über Jahrzehnte hin an wechselnden Orten in Bürgerhäusern, im Refektorium des vormaligen Paulinerklosters oder in Gasthäusern stattfanden. Erst 1839/40 glückte die Errichtung einer Bühne in einem Gebäude Ecke Mariengasse/Dreifaltigkeitsplatz, allerdings zunächst nur für das deutsche Theater, erst nach einigen Reibereien auch für das ungarische Theater. Das Angebot war vielfältig, neben deutschen Klassikern kamen aktuelle Stücke deutscher und ungarischer Autoren auf die Bühne, schließlich Opern, und selbst die großen Namen jener Zeit wie Franz Liszt traten hier und im Nationalcasino auf (1846). Dessen Gebäude war 1839, fast zeitgleich, in der Ofener Gasse gegenüber dem ehemaligen Dominikanerkloster errichtet worden und sollte eine Stätte des gesellschaftlichen Austauschs werden. So fanden hier 1846 und 1847 mit großer Resonanz aufgenommene Ausstellungen des neu gegründeten Wirtschaftsverbands des Komitats zu Fragen und Produkten der Landwirtschaft und der Gewerbe statt.

Abb. 14: Prozession zur Einweihung des Kanonissenklosters 1851, vorneweg der Graner Erzbischof und vormalige Fünfkirchener Bischof Scitovszky. Der Dom ist hier in der Form der klassizistischen Umgestaltung vom Beginn des 19. Jahrhunderts durch Michael Pollack zu sehen.

Fünfkirchen wird wieder Bildungszentrum

Währenddessen konzentrierte sich die Kirche vor allem auf Belange der Erziehung und Bildung, wohl wissend, dass sie ihre Mitglieder auf diese Weise nach dem Verlust der politischen und ökonomischen Vorrechte am nachhaltigsten an sich binden konnte. Bischof Ignác Szepessy ließ 1830 in der Schulgasse das wohl bis heute schönste klassizistische Gebäude der Stadt errichten. Es sollte eine philosophische Fakultät und eine Rechtsakademie beherbergen. Doch schon 1833 erwarb er die vernachlässigten Gebäude des Paulinerklosters in der Ofener Gasse und ließ diese herrichten. Dort fanden die höheren Lehranstalten, allen voran die Rechtsakademie, eine langfristige Bleibe. Die Schenkung einer Buchdruckerei und die Ausstattung mit einem größeren Stiftungskapital sollte die Arbeit dieser Institution fördern. Angesichts des großen Mangels an höheren Schulen in Ungarn und des allerorten aufstrebenden Bürgertums fand diese Institution sehr rasch breiten Zulauf und wurde namensprägend: Die Paulinerkirche wurde nun zur Lyzeumskirche. Das neue Gebäude in der Schulgasse wurde hingegen dazu genutzt, die große bischöfliche Bibliothek aufzunehmen. Bischof Szepessy ließ sie in erheblichem Umfang ergänzen, hinzu kamen die Bibliotheken des Domkapitels und etlicher gelehrter Domherren, die zum Teil noch Bischof Klimó mit dem Hintergedanken der Begründung einer Universität nach Fünfkirchen geholt hatte. So entstand eine der größten öffentlichen Bibliotheken Ungarns, die – da schon seit 1774 zugänglich – den Lehrkräften und den an Zahl laufend zunehmenden Lernenden zur Verfügung stand. Zu erwähnen wäre in dieser Zeit noch die Einrichtung eines Lehrerseminars, das vor allem für die Ausbildung von Volksschullehrern für die zahlreichen Landgemeinden bedeutsam war.

Für die Mädchenbildung bestanden – nachdem ein von Bischof Klimó eingeführter Nonnenkonvent durch Joseph II. schon bald wieder aufgehoben wurde – keine zufriedenstellenden Einrichtungen. Mit der Ansiedlung des Ordens der Kanonissen von Unserer Lieben Frau war Bischof Scitovszky bestrebt, hier Abhilfe zu schaffen. Für den Bau des Klosters, dessen Mutterhaus in Pressburg stand, kaufte er im Süden des Schlossberges, also des freien Platzes vor dem Domplatz, ein größeres Terrain in der Nachbarschaft der kleinen barocken Liebfrauenkirche an. Die Klosteranlage, deren Bau 1847 begann und – unterbrochen von den Revolutionsereignissen – 1851 zu einem ersten Abschluss kam, bildete bald die südliche Front des späteren St.-Stephans-Platzes. Im Juli 1851 erfolgte unter Beteiligung zahlreicher Kirchenvertreter ganz Ungarns und in langer Prozession vom Dom zum neuen Kloster hin die feierliche Einführung der Kanonissen. Die Liebfrauenkirche wurde bis 1854 umgebaut und mit dem Kloster verbunden, die Schultrakte der Klosteranlage sollten in späteren Zeiten noch deutlich erweitert werden. Damit war ein weiterer Orden in die Stadt eingekehrt, in der noch um die vergangene Jahrhundertwende kaum Mönche und Nonnen gesehen werden konnten. Nachdem sich die Reformen Josephs II. als in so kurzer Zeit nicht umsetzbar erwiesen hatten und noch von ihm größtenteils zurückgenommen worden waren, stellte sich die Frage nach der Bewältigung karitativer, pädagogischer und selbst seelsorgerischer Aufgaben erneut. Es gab noch keinen Ersatz für die geistlichen Orden, und so wurden die ehemaligen Klosteranlagen der Kapuziner 1796 von den Barmherzigen Brüdern übernommen. Schon in den ersten Jahren des neuen Jahrhunderts konnten sie den ersten Krankenhausflügel ans Ordenshaus anschließen. Als nächste kehrten die Franziskaner 1804 wieder in ihr Kloster zurück und betrieben dies in durchaus volkstümlicher Weise. Die Zisterzienser hielten 1813 mit der Schenkung

des Gymnasiums und der Pfarrkirche Einzug in die Stadt. Der Dominikanerorden kehrte nicht wieder, seine früheren Klostergebäude wurden als
Ausbildungsanstalt des in Fünfkirchen stationierten 52. Infanterie-Regi-
ments genutzt.

Sprachliche und ethnische Vielfalt

Ab Beginn des 19. Jahrhunderts können wir die Bevölkerungsentwicklung
und teilweise auch deren soziale und ethnische Zusammensetzung relativ gut verfolgen. Von etwa 8.000 Einwohnern um die Jahrhundertwende
stieg die Zahl auf rund 10.000 um 1820 und schließlich auf fast 16.000 um
1850. Die Volkszählung des Jahres 1850 verrät mit Angaben über die Konfessionen, dass der gesellschaftliche Wandel nur sehr allmählich erfolgte.
58 Lutheraner und 22 Reformierte bildeten nur sehr kleine Gemeinden,
277 Juden hingegen schon eine größere Gemeinschaft. 18 orthodoxe Einwohner lassen auf einen sehr geringen serbischen Bevölkerungsanteil
schließen. Der Rest der Bevölkerung – also über 97 Prozent – war katholisch. Über die Zahl der schulpflichtigen Kinder, die uns Stadtpfarrer
Dr. Michael Haas nach Sprachen geordnet für 1851 angibt, lassen nur bedingt Rückschlüsse auf die Anteile der ethnischen Gruppen in der Stadt
zu, wobei die 87 jüdischen Schüler eigens gezählt wurden: 770 deutschen
Schülern standen 621 ungarische und 221 slawische gegenüber. Gleichzeitig bedauert Haas nachdrücklich, dass gerade Eltern in der Ofener und in
der Szigeter Vorstadt, also vor allem Südslawen und Ungarn, ihre Kinder
oft in nicht ausreichendem Maße oder auch gar nicht zum Schulbesuch
anhalten. Damit sind zugleich Siedlungsschwerpunkte angedeutet: Während die westliche Vorstadt, nach dem Szigeter Tor und der Straße nach
Szigetvár benannt, überwiegend von Ungarn bewohnt war, konzentrierten
sich die Kroaten, Bosniaken und Bunjewatzen – je nach Zeitpunkt ihres
Zuzugs in die Region innerhalb der »illyrischen« Sprachgruppe unterschiedlich definiert – auf die östliche, die Ofener Vorstadt. Letztere nahmen hier also die Position der sozial marginalisierten Gruppe ein, die in
osmanischer Zeit in diesem Stadtviertel den ungarischen Christen zuteil
wurde. In der Innenstadt, also innerhalb der alten Stadtmauern, sowie auf
dem Kalvarienberg nördlich oberhalb der Stadt, ab Beginn des 19. Jahrhunderts ganz allmählich bebaut, ferner in der Siklóser Vorstadt im Süden
war hingegen die deutsche Sprache dominant. Die Zahlen, die uns Haas

zu den schulpflichtigen Kindern angibt, korrespondieren allerdings nur bedingt mit den Bevölkerungsanteilen der drei großen Sprachgruppen. Für diese liegt uns für 1839 eine Diözesanzählung vor, die bei insgesamt 14.086 Einwohnern von 37,9 % Ungarn, 31,5 % Deutschen und 30,5 % Südslawen ausgeht.

Um die Mitte des 19. Jahrhunderts herrschte zwischen den drei Sprachgruppen ein weitgehend spannungsfreies Einvernehmen. Dies schlug sich auch im kirchlichen Leben nieder. In allen Kirchen der Stadt kamen – nach einer besonderen Ordnung – in der Predigt alle drei Sprachen zum Einsatz. Im Dom konnte an hohen Feiertagen seiner Größe und seiner Kapellen wegen gleichzeitig in allen drei Sprachen gepredigt werden, ohne dass ein Gottesdienst den anderen gestört hätte. An Sonn- und Feiertagen wurde der Frühgottesdienst hier deutsch und der Spätgottesdienst ungarisch gefeiert, während in der Stadtpfarrkirche beide deutsch gehalten wurden – ein Hinweis auf die Bewohnerschaft im Stadtzentrum. Allerdings hatte diese überwiegend deutschsprachige Bewohnerschaft der Innenstadt nur sehr wenige bis gar keine Kontakte zu den ebenfalls zu großen Teilen von Deutschen bewohnten Dörfern der Nachbarschaft, also in der Schwäbischen Türkei. Man zählte sich in Fünfkirchen doch zu sehr zu den Städtern, zur feineren Gesellschaft, wo es wichtiger war, etwa Verbindungen zu vornehmen ungarischen oder jüdischen Kreisen zu haben denn zu den deutschen Bauern der Umgebung. Auch sprachlich waren sich die Fünfkirchener Deutschen und die Bauern der Schwäbischen Türkei nicht nah: Während Letztere ihre alten süddeutschen, westdeutschen oder hessischen Mundarten sprachen, befleißigte man sich in Fünfkirchen eines österreichischen Deutsch, stark an Wien orientiert – sicher waren die meisten Ungarn, die diese Sprache zumindest in der Bildungsschicht auch sprachen, leichter zu verstehen als die »Schwaben« in der Umgebung.

Die jüdische Gemeinde war erst in den 1840er-Jahren deutlich angewachsen, nachdem Juden bis dahin nur in Ausnahmefällen die Erlaubnis zur Niederlassung in königlichen Freistädten erhalten hatten. In den 1830er-Jahren hatte es etwa zwanzig jüdische Familien in der Stadt gegeben. 1843 errichtete die Gemeinde eine kleine Synagoge in der Limoni-Gasse (Citrom utca) und der Oberrabbiner des Komitats zog nach Fünfkirchen. Es sollten jedoch noch rund zwei Jahrzehnte vergehen, bis die Gemeinde eine der größten Synagogen Ungarns – es hieß sogar »die größte Europas« – bauen lassen konnte: 1865–1869 entstand diese, gefolgt vom jüdischen Schulgebäude, in unmittelbarer Nähe der alten Stadtmauer im Süden der Innenstadt, nämlich am neuerdings von der Stadt eingerichteten »Neuen Markt« (dem späteren Májlath- und heutigen Kossuth-Platz). 1880 machten die Juden mit einer Zahl von 2.244 bereits 7,8 % der Bevölkerung aus. Die Fünfkirchener Juden, meistens Kaufleute oder Gewerbetreibende, hatten überwiegend deutsche Namen und fügten sich, wie das deutsche Bürgertum, rasch in die erstarkende, moderne ungarische Nation ein.

Die Revolution 1848/49

Dieses ausgeglichene Einvernehmen zwischen den Völkern sollte sich in der zweiten Jahrhunderthälfte in eigentümlicher Weise wandeln. Die Voraussetzungen dazu waren bereits im Vormärz gelegt worden und die Revolution von 1848/49 beschleunigte die Entwicklung. Von den enormen Umwälzungen, die die Märzrevolution mit dem Sturz des Metternich'schen Regimes auch für das ganze historische Ungarn brachte, war in Fünfkirchen nur wenig unmittelbar zu spüren. Die neuen politischen Ideen, die Unabhängigkeit Ungarns von Wien und die Gleichheit der Staatsbürger bewegten die Stadtbewohner jedoch genauso wie in Ofen oder Pressburg. Am 18. März erreichten die Nachrichten von der Revolution Fünfkirchen, die ungarische Nationalflagge wurde gehisst und die Bürger riefen auch hier die Unabhängigkeit des Landes aus. Es herrschte große Aufregung in der Stadt, die sich durch Volksreden auch auf das Land ausweitete. Schließlich wurde eine Nationalgarde zur Aufrechterhaltung der Ordnung aufgestellt. Allerdings hatte die ungarische revolutionäre Regierung in Pest undifferenziert das gesamte Stephansreich mit einem einheitlichen Staatsvolk im Auge – und gestand damit den anderen in den alten Grenzen lebenden Völkern jene Rechte nicht zu, die sie selbst mit gewaltbereiter Kompromisslosigkeit einforderte. Die in einem Staatsverband mit den Ungarn lebenden Kroaten wurden ausgeblendet, andere große Bevölkerungsteile wie die Deutschen, die Rumänen oder die Slowaken ignoriert, mit ihren Anliegen nicht ernst genommen. Mit der sich zuspitzenden Auseinandersetzung zwischen der ungarischen Regierung und dem Wiener Hof setzte im Spätsommer und Herbst 1848 ein rund ein Jahr dauernder Kampf ein, der in der ungarischen Geschichtsschreibung bis heute abermals unter »Freiheitskampf« läuft – ein

Kampf zwischen großen Teilen der nun tatsächlich im modernen Sinne national empfindenden Ungarn und dem habsburgischen Kaiserstaat. Allerdings nahmen fast alle anderen Völkerschaften Ungarns Partei für die Wiener Politik, da die ungarische Revolution sie vor den Kopf gestoßen hatte. Noch hatten die neuen nationalen Eliten Ungarns nicht verinnerlicht, dass die demographischen Umwälzungen der vergangenen Jahrhunderte die ethnische Zusammensetzung des Landes vollständig verändert hatten, dass die eigentlichen Ungarn zwar noch eine relative Mehrheit besaßen, dass aber über 50 % der Landesbewohner eine andere Muttersprache hatten. Das deutsche Bürgertum in den gemischtsprachigen Städten aber befand sich in einem inneren Widerstreit zwischen Sympathie für die liberalen Grundgedanken eines unabhängigen Ungarn auf der einen und dem nun erstmals umfassend greifbar werdenden ungarischen Nationalismus auf der anderen Seite – ähnlich wird man sich die Situation auch in Fünfkirchen vorzustellen haben, wo im Übrigen gleich zu Beginn ein Gegensatz auch zwischen liberalem Bürgertum und konservativem Klerus zu erkennen war. Tendenziell aber neigten auch die deutschen Stadtbürger Ungarns – von Siebenbürgen abgesehen – der ungarischen Revolution zu.

Aufgrund der geographischen Nähe beobachtete man in Fünfkirchen genau, wie die Kroaten auf die politische Entwicklung reagierten – sie lebten seit Jahrhunderten in einem Staatsverband mit Ungarn. Da ihnen die ungarische Regierung in ihren Emanzipationsbestrebungen keinen Fingerbreit entgegenkam, ergriff der kroatische Banus Josef Jellačić Partei für die kaiserliche Seite und fiel mit einer 40.000 Mann starken Armee am 11. September über die Drau nach Südungarn ein, um das Land unter die Botmäßigkeit des Königs zu zwingen. Es entbrannte ein Bürgerkrieg, bei dem sich die Ungarn gegen die Truppen des Habsburgers und seiner Anhänger wandten. In diesem Zusammenhang forderte auch der Fünfkirchener Stadtrat am 17. September 1848 »die begeisterten Söhne der Stadt« auf, zur »Rettung der Unabhängigkeit, der Freiheit und des Lebens der Nation« die Waffen gegen die »verblendete Partei der Kroaten« zu erheben (22). Die Truppen Jellačićs besetzten die Stadt am 22. September tatsächlich, mussten zur Abwehr der ungarischen Revolutionstruppen aber rasch weiter Richtung Stuhlweißenburg abziehen.

Fünfkirchen geriet in der Folge für die nächsten vier Monate in den Windschatten der Ereignisse. Bis Ende Januar 1849 stand die Stadt unter der Leitung von Graf Kázmér Batthyány, der die Position der ungarischen Revolutionsregierung vertrat. Diese hatte sich seit September 1848 zunehmend radikalisiert – die gemäßigten Reformer hatten ihre Ämter niedergelegt, der geistige Kopf der Revolution, Lajos Kossuth, hatte nun auch die Führung der Regierung übernommen.

Erst nachdem die ungarische Armee, die Honvéd, vor Wien eine empfindliche Niederlage erlitten hatte, mit Franz Joseph im Dezember ein neuer Kaiser den Thron bestieg und die habsburgischen Truppen allmählich die Oberhand in Ungarn gewannen, kam Fünfkirchen am 31. Januar 1849 wieder unter die Botmäßigkeit der Krone: Der frühere Abgeordnete des Komitats Baranya und nunmehrige Administrator und Obergespan György Majláth d. J. übernahm nun als kaiserlicher Kommissar die Führung der Stadt. Nachdem sich die Revolution vollends radikalisierte, Kossuth die gemäßigten Politiker, die »Friedenspartei«, auszuschalten vermochte und am 14. April 1849 durch den Reichstag die Unabhängigkeit Ungarns sowie die Absetzung des Hauses Habsburg verkünden ließ, fing das politische Leben auch in Fünfkirchen wieder zu brodeln an. Die zeitweilige Besetzung durch den in die Leitung der kaiserlichen Südarmee eingeteilten General Franz von Ottinger im Mai und die kurzzeitige Eroberung durch revolutionäre Honvédtruppen unter József Majthényi am 12. Juni taten ein Übriges, um einen revolutionären Aufruhr in Fünfkirchen auszulösen. Der Eintritt des russischen Zaren als Verbündeter Kaiser Franz Josephs in den Kampf gegen die ungarische Revolution machte sich jedoch auch in Fünfkirchen unmittelbar bemerkbar: Schon am 15. Juni kam es bei und in Fünfkirchen zu einem Kampf zwischen kaiserlichen Truppen unter Major Stokucha und den Honvédtruppen, bei dem auch manche Gebäude im Stadtzentrum Schaden nahmen. Schon am 19. Juni aber konnte die kaiserliche Armee Fünfkirchen endgültig besetzen. Stokucha verkündete eine allgemeine Amnestie für die Stadtbewohner – mit Ausnahme der sechzehn Anführer des letzten Aufstandes für die ungarische Revolution. Die Namensliste dieser Personen zeigt deutlich, dass es hier keinesfalls um ein innerungarisches Anliegen ging: Acht der sechzehn sind wohl deutschen Ursprungs, zwei südslawisch, wahrscheinlich ein getreues Abbild des Fünfkirchener Bürgertums jener Zeit.

Mit der Niederschlagung der ungarischen Revolution im August 1849 durch die vereinigten österreichischen und russischen Streitkräfte begann für Ungarn eine neue Zeit politischer Fremdbestimmung: Aus Wiener Sicht hatte Ungarn aufgrund seines Krieges gegen den Gesamtstaat und durch die Absetzung des Königshauses seine historischen Rechte und seinen Anspruch auf Wahrung der alten Verfassung neuerdings und endgültig »verwirkt«, es wurde nun – wie alle anderen Teile der Monarchie – neoabsolutistisch und zentralistisch von Wien aus regiert. Provinzstädte an der Peripherie wie Fünfkirchen konzentrierten sich in der Folge notgedrungen vor allem auf die Wirtschaft und vergaßen die große Politik. Allerdings blieb Fünfkirchen vom Revolutionsgeschehen letztlich nicht unberührt, wie dies aus späterer Sicht mangels großer Ereignisse oft dargestellt wird. Manch eine Institution stellte ihr Wirken nicht nur vorübergehend während der Revolutionswirren, sondern auf längere Sicht ein. So funktionierte das bischöfliche Lehrerseminar nicht weiter, das Bürgerspital konnte nicht wie bereits vorbereitet reformiert und von den Barmherzigen Schwestern übernommen werden, das Stadttheater stellte seine Arbeit ein, der 1845 mit großem Elan initiierte regionale Landwirtschaftsverein fand sich nicht mehr zusammen – um nur einige herausragende Beispiele zu nennen. Als mittelbare Folge der Revolutionsereignisse kann übrigens auch die Ernennung des Fünfkirchener Bischofs Scitovszky zum Erzbischof von Gran und damit zum Primas der katholischen Kirche Ungarns gesehen werden. Er galt 1848/49 als Kopf der konservativen, kaisertreuen Partei und wurde schon im Juli 1849 durch Kaiser Franz Joseph in das neue Amt befördert. Für Fünfkirchen war dies durchaus ein Verlust, da sich Scitovszky in vielfältiger Weise für Bildung und Kultur der Stadt und der Diözese einsetzte. 1852 trat Scitovszky vom Fünfkirchener Bischofsamt zurück, doch sollte es bis zu einer regulären Neubesetzung noch Jahre dauern.

Wirtschaftsboom und Bevölkerungsexplosion

In der sich nun anschließenden Periode des wirtschaftlichen Aufschwungs nimmt das Jahr 1852 eine besondere Stellung ein: Nicht nur der junge Kaiser Franz Joseph, der sich nach und nach in der ganzen Monarchie huldigen ließ, besuchte die Stadt. Auch ein Erfolgsunternehmen ohnegleichen setzte seinen Fuß auf Fünfkirchener Gebiet: Die 1829 gegründete Erste Donaudampfschifffahrtsgesellschaft, DDSG, hatte mit Fracht- und Personenbeförderung einen ungeheuren Aufschwung genommen und fast alle Konkurrenten verdrängt. 1852 besaß das florierende und expandierende Unternehmen 71 Dampfschiffe und 233 Schleppkähne und suchte sowohl nach Investitionsoptionen wie nach einer günstigen und hochwertigen Kohlenversorgung für seine Schiffe. Im gleichen Jahr ließ die Gesellschaft die ersten geologischen Proben im Fünfkirchener Kohlerevier durchführen und fing unverzüglich mit dem weitflächigen Ankauf und dem Anpachten von Grubenfeldern an. Das größte Unternehmen der Stadt und ihrer Umgebung nahm seinen Anfang. Die Ausbeutung der Gruben setzte unverzüglich ein, der reichsweit und international agierende Konzern gewährleistete hohen technischen Standard. Es setzte ein Zustrom an Arbeitskräften aus allen Teilen der Monarchie ein, der entsprechend den Ausbauphasen des Fünfkirchener Bergbaues über Jahrzehnte hin anhalten sollte.

Eine unmittelbare Folge des durch die DDSG übernommenen und wiederbelebten Bergbaues war die Fertigstellung zunächst einer Eisenbahnlinie von Fünfkirchen nach Mohács (1857), um die Donauanbindung sicherzustellen, schließlich nach Barcs an der Drau (1868) zur umfassenden Nutzung der Wasserwege im südlichen Ungarn und in Kroatien. Die Bahnstrecken wurden von der DDSG primär zum Transport der Kohle zu den Schifffahrtslinien genutzt, allerdings bald auch von den Staatsbahnen für den regulären Eisenbahnverkehr. Damit kamen Stadt und Region frühzeitig in den Besitz eines Trumpfes, der ihnen angesichts ihrer geographischen Randlage unter normalen Umständen wohl erst Jahrzehnte später zugefallen wäre. Der 1846 einsetzende Eisenbahnbau in Ungarn konzentrierte sich nämlich zunächst auf die zentralen Strecken des Landes. So wurde die Strecke zwischen Fünfkirchen und der Hauptstadt Budapest erst 1882 gebaut. Die Eisenbahnanbindung eröffnete durch die rasche und günstige Transportmöglichkeit für Güter wie für Fachkräfte auch für alle anderen Wirtschaftszweige ganz neue Entwicklungsmöglichkeiten. Hinzu kam die Schaffung eines riesigen Zollgebietes innerhalb der Monarchie 1851, sodass sich der Handel vermehrfachen konnte, schließlich 1859 die endgültige Aufhebung des Zunftzwanges. Aus einer Vielzahl an Handwerksbetrieben entstanden so ab Mitte des 19. Jahrhunderts größere Unternehmen und Fabriken, die weit über die Stadt und die Region, teilweise gar europaweit ausstrahlten. Die Tendenz zur Gründung von Manufakturen und Fabriken war umso größer, als die kapitalkräftige Donaudampfschifffahrtsgesellschaft die kleineren Bergbau-Unternehmer allmählich verdrängte. Diese Industriebetriebe sollten das Wirtschaftsleben der Stadt letztlich vielleicht noch stärker prägen, als dies der Bergbau tat. Einige Beispiele dieser Firmen, durchweg initiiert von einzelnen kreativen Unternehmerpersönlichkeiten, sollen hier kurz vorgestellt werden.

Ein Name, der international zu einem Synonym für Fünfkirchen geworden ist, ist Zsolnay. Die 1853 gegründete Keramik-Manufaktur war zunächst auf Baubedarf orientiert, erhielt ihren Aufschwung aber mit der Übernahme der Firma durch Vilmos Zsolnay 1865, als der Schwerpunkt auf Kunstkeramik gelegt wurde. Zahlreiche Experimente und innovative Techniken ließen bald ein breit gefächertes Angebot an Porzellanprodukten entstehen, die als Schmuckelemente am Bau, als vornehme Alltagskeramik genauso wie als Kunstobjekte begeisterte Abnehmer fanden. Bei der Weltausstellung in Wien 1873 feierte Zsolnay seine ersten großen Erfolge, die bei jener in Paris 1878 noch übertroffen wurden. Dies brachte nicht nur breite Anerkennung und Auszeichnungen, sondern vor allem internationale Bestellungen. In der Zsolnay-Keramik fand man alle Stilrichtungen, alle Mitglieder der Familie wirkten an den Entwürfen und an der Ausgestaltung des Betriebs mit. Die Pyrogranitkeramik und die Eosinglasur wurden erfunden, sodass die Zsolnay-Produkte von den führenden Architekten der Zeit um die Jahrhundertwende zur äußeren Gestaltung repräsentativer Gebäude in Budapest, Wien und zahlreichen Städten Ungarns und der Monarchie eingesetzt wurden. So begründete Ödön Lechner die besondere ungarische Ausprägung des Jugendstils unter Einbeziehung der Zsolnay-Keramik. Am meisten hat davon aber ohne Frage Fünfkirchen selber profitiert, da fast alle bedeutenderen Bauten ab den 1880er-Jahren bis zum Ersten Weltkrieg mit Zsolnay-Keramik gestaltet wurden. Bereits in den 1870er-Jahren konnte man die Zsolnay-Manufaktur als mittelgroßen Betrieb ansehen; die gegen Ende des Jahrhunderts an die östliche Peripherie der Stadt verlegte Fabrik wurde schließlich – nach dem Bergbau – zum größten Industriebetrieb und zum größten Arbeitgeber der Stadt.

Herausragendes unternehmerisches Geschick wie auch soziales Engagement zeigte Adolph Engel, der sich aus einfachsten Anfängen zu einem der wichtigsten Großindustriellen Ungarns emporarbeitete. Nach der Revolution eröffnete er in Fünfkirchen zunächst eine Holzhandlung. Nach internationalen Geschäften folgte 1860 eine Parkettfabrik. Es kamen diverse Unternehmungen im Baugewerbe und der Erwerb von Gütern hinzu. Nachdem er auf seinen Besitzungen in Komló im Mecsekgebirge 1892 Kohle entdeckt hatte, errichtete er ein Bergwerk und eine Kohlenfabrik mit einer Bergwerkssiedlung, wo er für die Arbeiterfamilien für die damalige Zeit vorbildliche Lebensbedingungen schuf. Von großer Breitenwirkung in Fünfkirchen war seine 1857 errichtete »Erzherzog-Albrecht-Schwimmschule« mit Turnanstalt im Süden der Stadt. Hier wurden erstmals neue Me-

Abb. 15: In einer der Fünfkirchener Bergbausiedlungen um 1900.

thoden im Schwimmunterricht angewandt, die auch zum Vorbild für das österreichisch-ungarische Militär wurden. Später übernahm die Stadt die Badeanstalt. Gleichzeitig engagierte sich Engel, der 1885 nach einem seiner Güter das Adelsprädikat »Jánosi« erhielt, stark für die jüdische Gemeinde der Stadt und förderte den Bau der neuen Synagoge.

Ähnlich Zsolnay gab es ein zweites Unternehmen, das sich aus einem kleinen Handwerksbetrieb heraus entwickelte und Fünfkirchen auf lange Sicht europaweit bekannt machte: die Orgelwerkstätten von Josef Angster. Aus dörflichen Verhältnissen am Rande der Monarchie stammend, führte ihn eine über zehnjährige Gesellenwanderschaft durch weite Teile des Reiches und der deutschen Länder, schließlich in die Schweiz und nach Paris, wo er an wichtigen Orgeln mitarbeitete. 1867 gründete er eine Werkstatt für Orgelbau in Fünfkirchen und erhielt einen ersten großen Auftrag für die neue Synagoge am Neuen Markt. 1869 wurde diese mit großer Anerkennung eingeweiht. Das Unternehmen in der Mariengasse sollte nun bald wegen seiner technisch ausgefeilten Instrumente bekannt werden, es kamen Aufträge für große und namhafte Kirchenbauten, aber auch für zahlreiche Dorfkirchen. Die Orgel für den neu errichteten Fünf-kirchener Dom (1889) war das 100. Werk seines Betriebes. Auch wenn die Orgelfabrik Angster nicht zu den größten Unternehmen der Stadt zählen sollte, also eher mittlere Größe hatte, so war sie doch ein Markenzeichen, das die Stadt durch die zahlreichen Orgeln für katholische und evangelische Kirchen sowie für Synagogen bis ins 21. Jahrhundert hinein bekannt machte.

Ein größeres Unternehmen, das ebenfalls aus einem Handwerksbetrieb hervorging, war die Handschuhfabrik von János Hamerli, auch er ein Nachkomme deutscher Zuwanderer. 1861 eröffnete er nach Wanderjahren in Böhmen und Österreich seine Handschuhmanufaktur in Fünfkirchen. Die Lederverarbeitung hatte hier eine lange Tradition und bildete einen der Schwerpunkte des Handwerks. Hamerlis hochwertige Handschuhe konnten es mit deutschen und französischen Konkurrenten aufnehmen und erlangten bald Bekanntheit über Ungarn hinaus. 1877 zog die Fabrik aus der Ofener Gasse vor die Tore der Stadt, wo sie als eines der größten Unternehmen der Stadt auf lange Sicht prosperieren sollte.

Es könnte nun eine ganze Reihe ähnlicher Firmen aufgezählt werden, die sich meist aus kleinen Gewerbebetrieben oder kleinen Geschäften heraus entwickelt hatten: etwa die Sektkellerei Littke, die ihren Betrieb 1859 in den Kellern unter dem St.-Stephans-Platz mit einem Weingroßhandel begann die Eisenhandlung der Familie Traiber in der Ofener Gasse, die sich in Anlehnung an ihr Geschäft in Vasváry (Eisenburger) umbenannte, oder die Tischlerei mit Möbeldepot Hoffmann, später Csukás, in der Postgasse, die eine Möbelfabrik ebenfalls außerhalb der Innenstadt eröffnete. Kurz vor der Jahrhundertwende gab es rund 35 solcher mittelständischer bis großer Betriebe, die das wirtschaftliche Rückgrat der Stadt bildeten, fünf davon hatten mehr als 50 Beschäftigte, drei mehr als 100 und ein Betrieb, die Zsolnay-Fabrik, deutlich mehr als 1000 Beschäftigte.

Die zahlreichen prosperierenden Betriebe, die ihre Produktionsstätten aus der Innenstadt allmählich in die noch weitgehend unbebaute nähere Umgebung der Stadt verlegten, und der Bergbau boten die Grundlage für ein stetiges Wachstum der Bevölkerung. Um 1890 hatte Fünfkirchen rund 35.500 Einwohner, von denen gut 30 % in Gewerbe und Industrie und rund 10 % im Bergbau beschäftigt waren. Handel, Ausbildung und Verwaltung waren die anderen Schwerpunkte der Beschäftigung. Demographisch war das mehr als eine Vervierfachung seit dem Beginn des Jahrhunderts. Um diese Zeit hatten sich auch die Sprachverhältnisse innerhalb der Stadt deutlich verändert: Gut 74 % gaben als Muttersprache bereits Ungarisch an, während nur noch rund 19 % Deutsch und keine 2,5 % eine slawische Sprache nannten. Und das, obwohl der Zuzug gerade an deutschen Muttersprachlern nach Fünfkirchen besonders hoch war, so etwa zwischen 1880 und 1900 rund 2.500 Personen, die neuerdings hauptsächlich in den Vorstädten und in der Bergbaukolonie zu finden waren. Im Komitat Baranya war der Anteil der Deutschen um diese Zeit noch bei rund zwei Dritteln. Es ist davon auszugehen, dass es überwiegend die neu hingezogenen Arbeitsmigranten waren, die ihre deutsche Muttersprache pflegten, während die Alteingesessenen nach und nach auf Ungarisch umstellten. Im Tagebuch und den Erinnerungen des Orgelbauers Josef Angster lässt sich dieser Prozess, bezogen auf die 1870er- und 1880er-Jahre, gut nachvollziehen:

> *In meiner Familie ging anfangs alles auf deutsch, erst als die Kinder in die Schule kamen, verdrängten sie die deutsche Sprache, uns Alte sozusagen übertrumpfend, wir kamen zu keinem Deutsch mehr. Von dann an war in unserem Familienkreise das Ungarische die vorherrschende Sprache.« (23)

Der nach dem österreichisch-ungarischen Ausgleich zunehmende Magyarisierungsdruck, verstärkt über Kirche und Schule, intensivierte die im Bürgertum ohnehin schon vorhandene Assimilationstendenz. Es lief daher im Allgemeinen darauf hinaus, dass nur noch die deutschen Namen – wenn sie denn nicht verändert wurden – an die einst deutschsprachige Bewohnerschaft erinnerten. Sinnbildlich dafür kann die Gedenktafel für den Fünfkirchener Gesangsverein (Pécsi Dalárda) in der Nonnengasse stehen, die 1932 an dessen 70. Gründungstag erinnern sollte: Von den sieben dort genannten Namen sind fünf oder sechs deutscher Herkunft. Satzungsgemäß sollte der Verein seinerzeit jedenfalls ausdrücklich beide Sprachen pflegen. Bereits das Revolutionsgeschehen 1848/49 hatte gezeigt, dass ein großer Identifikationsgrad des deutschen Bürgertums mit dem Staat Ungarn bestand. Diese Tendenz sollte sich mit dem sich zunehmend nationalisierenden Alltag, mit der Erringung der weitgehenden staatlichen Selbstständigkeit Ungarns von der österreichischen Reichshälfte 1867 und mit der in der Folge einheitlichen ungarischen Schulerziehung noch verstärken. Ein äußerer Ausdruck dieser Entwicklung war in Fünfkirchen die Einstellung der staatlichen Unterstützung für das deutsche Theater ab 1867.

Zur zahlreichen schwäbischen Bewohnerschaft der näheren Umgebung, die dem gleichen Identitätsprozess unterworfen war, aber zu Hause noch die alten Mundarten pflegte, bestand seitens des herkunftsmäßig äußerst heterogenen Bürgertums nach wie vor keine besondere Bindung.

So siedelten sich die aus den schwäbischen Dörfern als Arbeiter und Tagelöhner nach Fünfkirchen Zuziehenden überwiegend in der bis dahin überwiegend »bosniakischen« Ofener Vorstadt sowie in den Bergbausiedlungen an und standen in keiner besonderen Beziehung zum einst deutschen Bürgertum der Innenstadt. In der Periode des österreichisch-ungarischen Dualismus ab 1867 erfolgte zudem auch eine bewusste wie unbewusste Distanzierung von österreichischen Bezügen – zur Stärkung des Selbstbewusstseins, aber auch als Ausdruck der endlich errungenen Eigenständigkeit. Lediglich das Staatsoberhaupt teilten sich die beiden Reichsteile, ferner die Belange des Äußeren und des Militärs.

Ein Prozess, den zunächst der Zuzug aus den deutschen Ländern, dann aber verstärkt die Migration innerhalb Ungarns auslöste, war die konfessionelle Diversifizierung der seit etwa 1700 praktisch ausschließlich katholischen Stadt. Die Lutheraner, also die »Evangelischen A.B.« (Augsburger Bekenntnisses), bildeten die erste Gruppe, die ab Beginn des 19. Jahrhunderts sehr allmählich anwuchs. Erst später und vor allem gegen Ende des Jahrhunderts, durch die Binnenmigration bedingt, nahmen auch die Reformierten, die »Evangelischen H.B.« (Helvetischen Bekenntnisses), rasch zu und überflügelten die Lutheraner. Dennoch blieben sie beide kleine Minderheiten, die aber immer wieder herausragende Persönlichkeiten des öffentlichen Lebens stellten. Als Erste errichteten sich die Lutheraner 1845 ein Bethaus, dem 1875 – die Gemeinde hatte um 1880 immerhin rund 600 Mitglieder – ein spätklassizistischer Kirchenbau ohne Turm mit Gemeindegebäuden in der Gartengasse folgte. Die zu jenem Zeitpunkt erst 1,4 % der Stadtbewohner ausmachenden Reformierten schossen binnen drei Jahrzehnten auf eine Zahl von rund 2.200, sodass auch sie einen repräsentativen Kirchenbau errichten konnten: 1907 entstand eine in dezenten Jugendstilformen gestaltete Kirche an der neuen Paradestraße zwischen Innenstadt und Bahnhof (heute Szabadság út). Die im 16. und 17. Jahrhundert in der Stadt dominanten Unitarier sollten jedoch nicht wieder erstarken und auch die Griechisch-Katholischen (Unierten) und Orthodoxen blieben nur sehr kleine Gemeinden.

Die stolze Regionalmetropole

Eines der Großprojekte, das dem Kaiserstaat Österreich nach 1848/49 nicht dauerhaft glückte, war eine umfassende Verwaltungsreform in den

Ländern der ungarischen Krone. Zum Teil bestanden hier noch auf das Spätmittelalter zurückgehende Strukturen, die jeder modernen Administration zuwiderliefen. Nach intensiver Vorbereitung vermochte das dualistische Ungarn 1876 schließlich eine grundlegende Verwaltungsreform durchzuführen, wobei historische Rechtstitel und Einteilungen auf ihre Sinnhaftigkeit überprüft wurden. Von den 73 bis dahin in ganz Ungarn, also einschließlich Siebenbürgen und Kroatien, bestehenden Freistädten blieben nach 1876 lediglich 26 als »Munizipalstädte«, also als sich selbst verwaltende und nicht einem Komitat untergeordnete Städte bestehen. Eine dieser wenigen Munizipalstädte des Landes war Fünfkirchen, die Stadt erfüllte also alle Voraussetzungen für einen selbstständigen Verwaltungsorganismus und musste nicht zurückgestuft werden – die Zeit als Kleinstadt an der ungarischen Peripherie war endgültig vorbei.

Ein äußerer Ausdruck des sich wandelnden Selbstverständnisses und der zunehmenden nationalen Orientierung des Bürgertums war die Festlegung einheitlicher und zum größten Teil neuer Straßennamen: Statt der Namen, die nach der Verdrängung der Osmanen in den Jahren um 1700 aufkamen, wurden nun zahlreiche Gassen und Plätze nach historischen Persönlichkeiten benannt, die in der Vergangenheit der Stadt oder des Landes eine Rolle gespielt hatten. So verschwanden alle Bezeichnungen, die auf Gewerbe verwiesen, aber es wurden auch Namen abgeschafft, deren historischer Bezug nicht mehr zu erkennen war. In der Benediktinergasse etwa war die alte Benediktinerkirche längst verschwunden, die Kapuziner und die Pauliner waren seit rund acht Jahrzehnten aus der Stadt verschwunden, die Stadttore spielten keine Rolle mehr – sie waren während der ersten Jahrhunderthälfte abgetragen worden, um dem zunehmenden Verkehr Platz zu machen. Auf die Politik Wiens, die nach der Revolution von 1848/49 zunächst neoabsolutistisch orientiert war und ab 1860 primär experimentierte, reagierten auch die nationalungarischen Kreise des Fünfkirchener Bürgertums zunehmend selbstbewusst. Bei der Auswahl der neuen Straßennamen während der ersten großen Umbenennungsrunde 1864 fiel die Wahl denn ausschließlich auf ungarische Namen. Der Marktplatz oder Dreifaltigkeitsplatz wurde nach einem der Begründer des ungarischen Geisteslebens des 19. Jahrhunderts, Graf István Széchenyi, benannt. Für Namen der Revolution von 1848/49 war die Zeit noch nicht reif, deren Wahl wäre einer Provokation der k.k. Behörden gleichgekommen. Der Schlossberg, also der vor dem Dombezirk entstandene Promenadeplatz, erhielt den Namen des vormaligen Fünfkirchener und noch amtierenden Graner Erzbischofs Scitovszky. Auch die anderen neuen Namen hatten überwiegend lokale Bezüge, etwa die nach Bischof József Király benannte Ofener Gasse – aus der seither in fehlerhafter Rückübersetzung immer wieder Königsgasse wird – oder die nach einem weiteren Bischof benannte frühere Schulgasse, die nun zur Szepessy-Gasse wurde. Straßennamen, deren unmittelbarer Bezug erkennbar war, wie die Franziskanergasse oder die Gasse der Barmherzigen Brüder, blieben bestehen. Bald folgten weitere historische Größen und Hunyadi, Rákóczi oder der Heilige Stephan hielten Einzug in die Stadtpläne. Die administrative Vereinheitlichung und Festlegung trug allmählich zu einer Zurückdrängung der bis dahin parallel zu den ungarischen Namensformen bestehenden deutschen Gassennamen. Um die nächste Jahrhundertwende sollten sie, ähnlich manchen alten ungarischen Namensformen, bereits weitgehend in Vergessenheit geraten sein. Die alten ungarischen und deutschen Bezeichnungen der Gassen und Plätze entsprachen sich weitestgehend, lediglich einige wenige wie die Ofener Gasse, die im Ungarischen Hauptgasse (Fő utca) hieß, wichen inhaltlich ab.

Das Erscheinungsbild der Stadt hatte sich seit 1686 stetig gewandelt: Zunächst durch den Barock etwa der kirchlichen Gebäude und des Rathauses, dann durch die bescheidenen Häuser der Handwerker und Ackerbürger, durch den Aufschwung des Bürgertums nach der Erhebung zur Freistadt 1780, schließlich ab Beginn des Wirtschaftsaufschwungs um die Mitte des 19. Jahrhunderts. Aber all das ließ sich nicht vergleichen mit dem ungeheuren Wandel, der das Gesicht Fünfkirchens ab dem letzten Viertel des Jahrhunderts völlig verändern sollte. Der Wohlstand, der durch den Bergbau, durch die Manufakturen und Fabriken und durch den Handel in die Stadt Einzug gehalten hatte, fand seinen Ausdruck in repräsentativen, ja luxuriösen Gemeinschaftsbauten, Einrichtungen der Gesellschafts- und Kulturpflege, in Geschäftsbauten, Villen und Wohnhäusern. Die Kirche beteiligte sich gleich zu Beginn an diesem Prozess. Auch sie gehörte nämlich zu den großen Profiteuren des Aufschwungs. Große Teile des Kohlenabbaugebiets im Fünfkirchener Gebirge gehörten nämlich seit der Neufestlegung der Besitzverhältnisse zu Beginn des 18. Jahrhunderts dem Bischof, dem Dom und dem Domkapitel. Die Einnahmen aus der Verpachtung der Gruben bescherten den Institutionen des katholischen Bistums Fünfkirchen ab dem letzten Viertel des Jahrhunderts einen wohl nicht einmal während der besten Zeiten im Mittelalter gesehenen Reichtum.

Das neue Gewand der Stadt

Der zu Beginn des Jahrhunderts von Michael Pollack neu gestaltete und klassizistisch vereinheitlichte Dom wies wegen der Umbauten und der im Laufe der Jahrhunderte erlittenen Beschädigungen nicht nur – nach wie vor – erhebliche statische Mängel und Gewölberisse auf. Der Geschmack hatte sich während eines halben Jahrhunderts auch vollständig gewandelt. Von einer »Verunstaltung« des Domes durch Pollack war die Rede, der gute Geschmack sei »besonders peinlich berührt« worden (24). Reste der Romanik und der Gotik verbanden sich im Inneren mit Ausbesserungen, mit schwerem Barock an Portalen, mit Altären im Rokokostil und einem weiß getünchten Hauptschiff. Die Türme ohne Helmdach empfand man wie umgestülpte Tische. So nimmt es nicht wunder, dass das Unbehagen mit der äußeren und inneren Form des wichtigsten Bauwerkes des Bistums zusammen mit der Sorgenfreiheit, die auf unerschöpflichen Geldquellen gründete, und zusammen mit dem Wettstreit von Kirche und Bürgertum um die beeindruckendsten Formen der Selbstdarstellung zu hochfliegenden Plänen führte: Der Fünfkirchener Dom sollte in jenem alten Glanz wieder auferstehen, der im mittelalterlichen Stephansreich von ihm ausging und der seine Bauhütte landesweit bekannt gemacht hatte. Eine unklare Gesetzeslage hinsichtlich historischer Baudenkmäler verzögerte längere Zeit den Beginn der Arbeiten, doch 1881 regelte das dualistische Ungarn auch die Verpflichtung von Eigentümern zur Pflege immobiler Kulturgüter.

So wurde im Jahr 1882 das Fronleichnamsfest noch im und vor dem alten Dom gefeiert. Am Tag danach begann der Ausverkauf des alten Inventars und die Arbeiten zum Abriss setzten ein. Es sollte nun ein Schauspiel zu beobachten sein, wie es sich in dieser Form in Europa nur selten wiederholt haben dürfte: Nahezu sämtliche beweglichen Kunstschätze des Domes wurden verkauft, und zwar an Gemeinden der Nachbarschaft und der umgebenden Komitate. So finden sich heute künstlerisch herausragende Altäre, Skulpturen oder Gemälde des Barock oder des Rokoko in kleinen Dorfkirchen, die sich solch eine Ausstattung sonst niemals hätten leisten können. In Fünfkirchen gingen Abbruch und Planung des neuen Domes bald Hand in Hand, es war viel mehr baufällig als zunächst angenommen. Es wurde Entdeckung um Entdeckung gemacht, Wandgemälde ab dem Hohen Mittelalter kamen zum Vorschein, Arkaden, Pfeiler, schließlich zahlreiche Grüfte, die Reliefs der alten Treppenabgänge zur Unterkirche, die Reste des steinernen Volksaltars. Nur wenig war vom alten Dom übrig, als im Frühjahr 1883 die Arbeiten am Neubau oder – wie es damals hieß – am »verbessert restaurierten« Dom begannen: Die Turmstümpfe, einige Teile der Apsiden im Osten und die äußeren Mauern der Seitenschiffe blieben erhalten. Für die Arbeiten am neuen Dom verpflichtete das Fünfkirchener Bistum die besten Fachleute und Künstler, die zu jener Zeit in Mitteleuropa zu finden waren: Die Koordination der Arbeiten übernahm der Leiter der Wiener Dombauhütte, Friedrich (von) Schmidt, sein Bauleiter wurde sein Wiener Adlatus August Kirstein. Das Ziel war, den Dom möglichst in jener Form wiederherzustellen, die er zur Zeit seiner Fertigstellung und seines größten Glanzes am Übergang zwischen Romanik zu Gotik, also wohl im 12. und 13. Jahrhundert gehabt haben könnte. In vielen Punkten konnten sich die Baumeister und Künstler dabei an Funden und Bauresten orientieren. So wurde die Unterkirche in der Form wiederhergestellt, wie sie einst ausgesehen haben mag und die sich jetzt erst voll erschloss. Die beiden Treppenabgänge im Süden und Norden, die vorher verschwunden und durch einen mittigen ersetzt worden waren, wurden anhand der vorgefundenen Fragmente der Plastiken ganz neu geschaffen – legen wir die Funde, die heute im benachbarten Dommuseum zu sehen sind, neben die Neufassung, so muss den Künstlern zugestanden werden, dass sie tatsächlich bestrebt waren, eine Rekonstruktion zu schaffen und sich von eigenen Gestaltungsneigungen weitgehend zu lösen. Die vollständige Innenausmalung trägt hingegen unübersehbar den restaurativen Pinselzug des 19. Jahrhunderts, allerdings in sich künstlerisch stimmig und inhaltlich nach einem die Kirchenschiffe und die Apsiden durchlaufenden Programm. Von den Künstlern, die hierfür verantwortlich zeichneten, seien die Maler Karl Lotz, Karl Andreä und Moritz Beckerath sowie die Bildhauer György Zala und György Kiss genannt. Während sich die Baumeister bei den Kirchenschiffen und teils auch bei den Fassaden auf Befunde des alten Domes stützen konnten, mussten sie bei der Gestaltung der Türme Anleihen bei den romanischen Domen der deutschen Länder machen. Schmidt löste sich in diesem Fall von seinen Vorlieben, da er eigentlich zu den prägenden Gestalten der Neugotik in Mitteleuropa gehörte. Sowohl Baufachleute wie Künstler übernahmen parallel oder anschließend auch zahlreiche andere Aufträge in der Stadt, sodass sich ihre Handschrift in Fünfkirchen vielfach wiederfindet, der Domneubau also durchaus ausstrahlte.

Abb. 16: Die Westfassade des Domes St. Peter und Paul nach
dem Wiederaufbau 1883–1891 (Zeichnung: Julius Háry).

Mit dem Dom von Fünfkirchen entstand ein Gesamtkunstwerk, das zwar
für den Besucher des 21. Jahrhunderts ungewöhnlich wirken mag, das aber
in sich stilistisch vollständig stimmig ist. Es entführt den Besucher in eine
farbenfrohe Romanik, wie sie sonst nicht wahrgenommen werden kann.
Lediglich das Renaissance-Pastophorium des Bischofs Szatmári vom Be-

ginn des 16. Jahrhunderts hat sowohl die Türkenzeit wie den Neubau des Domes überstanden und dient heute als Altar der Corpus-Christi-Kapelle im Südwesten des Domes. An die zweihundert Jahre zwischen Türkenbefreiung und Domneubau erinnert heute eigentlich nur die kleine Ausstellung aus Beständen des Domschatzes in der nordwestlichen Seitenkapelle des Domes. Die Fertigstellung der Arbeiten hat deren Koordinator Friedrich von Schmidt nicht mehr erlebt, er starb bereits Anfang 1891, sein Bauleiter und enger Partner Kirstein führte sie zu Ende. Die Einweihung der Kirche fand im Rahmen großer Feierlichkeiten und in Anwesenheit Franz Josephs im Juni 1891 statt. Der König besuchte bei dieser Gelegenheit mehrere wichtige Stätten der lokalen Kultur und Wirtschaft.

Mit dem Domneubau brach ein wahrhaftiger Bauboom in der Stadt aus, jährlich kamen nun beeindruckende Neubauten zum Abschluss: das große Mietshaus der Barmherzigen Brüder als nördliche Front des Majláth-Platzes (1891), das Komitatswaisenhaus nordwestlich oberhalb der Innenstadt (1893), das Palais der Diözesanstiftung in der Unteren Kapitelsgasse (1895), die Zentrale der Industrie- und Handelskammer in der Postgasse (1895), neben vielen anderen wie etwa Kasernenbauten in der Sziget er Vorstadt bald das neue Bahnhofsgebäude (1901), die innerstädtische Zentrale der die Bergwerke mit großem Erfolg betreibenden Donaudampfschifffahrtsgesellschaft in der Mariengasse (1904) oder etwas weiter in jener Gasse der Sitz des Frauenvereins (1905), schließlich das bis heute durch seine Zsolnay-Zierkeramik und das Reichswappen im Giebel beeindruckende Postpalais in der Benediktinergasse (1904). Einige prägende Bauwerke sollen eigens hervorgehoben werden. Ein schon lange bestehendes Desiderat war der Bau eines neuen Theatergebäudes, eines »Nationaltheaters«. Das schon in der ersten Jahrhunderthälfte große Interesse am Theater nahm nämlich eher noch zu, zumal es inzwischen ein breites ungarisches Repertoire und namhafte ungarische Ensembles gab. Das neue Gebäude entstand an der Stelle des aufgelassenen Dominikanerklosters in der Ofener Gasse. Den Theaterbauten von Fellner und Helmer wesensverwandt, planten die Architekten Adolf Lang und Antal Steinhardt ab 1893 einen beeindruckenden Neo-Renaissance-Bau mit einem Fassungsvermögen für 1.100 Besucher, der trotz der Enge des Platzes ausgesprochen imposant wirkt. 1895 folgte die feierliche Eröffnung des Theaters, für dessen nicht geringe Baukosten der damalige Bürgermeister János Aidinger mit viel Phantasie städtische Steuern einsetzte. Zur Ausbildung des militärischen Nachwuchses, die bis dahin im alten Dominikanerkloster stattgefunden hatte, entstand in der Szigeter Vorstadt 1898 eine großartige neobarocke Kadettenanstalt.

Zwei Gebäude, die heute den Hauptplatz prägen, seien abschließend erwähnt. An der Stelle zweier Bürgerhäuser des 18. Jahrhunderts errichtete die Sparkasse der Stadt und des Komitats, die in den Aufbruchsjahren des Vormärz 1845 gegründet worden war, zwischen 1895 und 1898 ihre zentrale Verwaltung: ein vierstöckiges, den Platz dominierendes eklektizistisches Gebäude. Die Bienenstöcke als Fassadenschmuck verweisen auf die ursprüngliche Funktion als Stätte des Fleißes und des Sparens. Zu diesem Zeitpunkt hatte die Komitatsverwaltung ihren Sitz noch in der Seminargasse im Norden der Innenstadt und dort gerade Erweiterungen anbauen lassen; sie zog erst später im 20. Jahrhundert in die vormalige Sparkassenzentrale um. Etwas unterhalb gegenüber stand das klassizistische Rathaus. Es war 1896 durch ein größeres Unglück, eine Explosion in einem Krämerladen im Erdgeschoss mit mehreren Toten und zahlreichen Verletzten, so zu Schaden gekommen, dass die Stadtleitung an einen Neubau denken musste. Dies mag dem Darstellungsbedürfnis der wohlhabenden Stadt, die allerorten Palais entstehen sah, auch durchaus entgegengekommen sein. Dennoch dauerte es noch etliche Jahre, bis mit dem Neubau begonnen werden konnte. Ab 1905 erfolgte der Abriss des alten Rathauses. Bis 1907 entstand ein deutlich vergrößertes und prachtvolles Gebäude, jedenfalls nach dem Verständnis der Zeit, dessen Turm eine in der Stadtsilhouette – trotz des relativ tiefen Standes am Hang – künftig unübersehbare Marke bilden sollte. Im Giebel stellte man das maria-theresianische Stadtwappen in Zsolnay-Keramik dar, die elektrische Uhr im Turm wurde seit 1909 auch elektrisch beleuchtet – ein weithin sichtbares Zeichen des Fortschritts und des bürgerlichen Repräsentationsbedürfnisses.

Die Stilrichtungen dieser überwiegend großen, ja monumentalen Neubauten, die den Wohlstand der Zeit zur Schau tragen, sind sehr unterschiedlich, die meisten dürften als eklektizistisch zu bezeichnen sein. Erst spät und nur an wenigen Objekten setzte sich der Jugendstil durch, der offenbar vorher als zu zurückhaltend angesehen wurde: So sind das von der Unternehmerfamilie Hamerli auf dem Grundstück ihres alten Betriebes 1913–1915 in der Ofener Gasse errichtete »Pannonia Grand Hotel« (heute Hotel Palatinus) und die Bahndirektion (1914) gegenüber dem Bahnhof dieser Stilrichtung zuzuordnen. Parallel zu dieser modernisierenden Bautätigkeit verschwanden die letzten unmittelbar sichtbaren Reste der

Türkenzeit in der Stadt: Um 1880 wurde das Bad des Pascha Memi in der Franziskanergasse abgetragen und die vielerorts noch vorhandenen Brunnen wurden neu gestaltet. Statt des türkischen Brunnens vor der Kirche der Barmherzigen Brüder, der 1893 verschwand, schenkte die Unternehmerfamilie Zsolnay der Stadt einen in Pyrogranit mit Eosin-Glasur gestalteten Brunnen, den Andor Pilch, einer der damals namhaftesten Künstler der Stadt, gestaltet hat; ein im Banat aufgefundener Awarenschatz gab ihm dabei wichtige Anregungen. Der Brunnen war zwar schon 1912 fertig, wurde aber wegen der bald folgenden Wirren des Weltkriegs nicht aufgestellt; erst nach mancherlei Fährnissen sollte es 1930 schließlich zur Aufstellung kommen. An dieser Stelle soll noch auf eine Besonderheit hingewiesen werden, in der man historische Sachverhalte wiedererkennen kann. Der Platz vor dem Dombezirk wurde im Verlaufe des 19. Jahrhunderts zur Promenade, zum »sétatér«, wo man sich zu Rendezvous traf und wo man sonntäglich flanierte. Gegen Ende des Jahrhunderts wurde hier der sogenannte Kiosk, ein achteckiges, fast rund wirkendes historistisches Gebäude mit kupfernem Kuppeldach gebaut, das als Gaststätte und Ausschank diente. Es entstand an der Stelle der südöstlichen Rundbastei der Bischofsburg, sozusagen das Gegenstück zur südwestlichen bis heute bestehenden Barbakane. Eine Redensart, die sich schon in früheren Zeiten über das Äußere und den Charakter der Stadt herausgebildet hatte und im Ungarischen als Wortspiel klingt, bestätigte sich nach diesen vielfältigen Neuerungen abermals: »Németnek Bécs, magyarnak Pécs« – Dem Deutschen Wien, dem Ungarn Fünfkirchen.

Mit der Verbürgerlichung der ungarischen Nation und den zunehmenden nationalistischen Tendenzen im öffentlichen Leben nahm auch der Bedarf an Identifikationssymbolen zu. Waren es bis zur Mitte des 19. Jahrhunderts fast ausschließlich Heiligendarstellungen, die sich als öffentliche Denkmäler finden ließen, traten nun historische Persönlichkeiten in rascher Folge hinzu. Auch hier ging ein erster Impuls von kirchennahen Bürgerkreisen aus, die 1872 die Initiative für ein Denkmal des Bischofs Ignác Szepessy ergriffen. Sie wollten damit vor allem seine Verdienste für die wissenschaftliche Bildung und um die Gründung der Rechtsakademie würdigen. Das Denkmal sollte allerdings erst 1893 realisiert und auf dem Domplatz feierlich enthüllt werden. Bald danach und unmittelbar nach dem Tod des Führers der ungarischen Revolution von 1848/49 fasste der Stadtrat den Beschluss, ein Denkmal für Lajos Kossuth, seit 1848 Ehrenbürger der Stadt, zu errichten – wohl der ungarnweit populärste Politiker

Abb. 17: Der Promenadeplatz vor der Burgpfarrei und dem Kiosk mit der sonntäglich spielenden Militärkapelle (um 1900).

des 19. Jahrhunderts, dem auch die meisten Denkmäler zugedacht wurden. Mit der heroischen Inszenierung dieser Persönlichkeit wollte man sich in Zeiten freier politischer Entfaltung an den Unabhängigkeitswillen der sich neu definierenden ungarischen Nation erinnert fühlen. Und Kossuth stand noch in einer weiteren Beziehung zu Fünfkirchen: Nachdem er nach dem österreichisch-ungarischen Ausgleich 1867 amnestiert worden war, war Fünfkirchen die erste Stadt, die ihn zum Abgeordneten in den ungarischen Reichstag wählte – allerdings weigerte sich Kossuth, den Ausgleich anzuerkennen und nach Ungarn zurückzukehren, sodass er sein Mandat nicht antreten konnte. Sein Denkmal wurde schließlich 1908 unter großer Anteilnahme enthüllt. Das Denkmal fand seine Aufstellung ausgerechnet auf jenem Platz, der inzwischen nach dem kaiserlichen Kommissar des Komitats während der Revolution, György Majláth (vormals Neuer Markt), benannt worden war. Zwar war dieser später als Landesrichter zu hohen Ehren gekommen, dennoch entbehrt es nicht einer gewissen Ironie der Geschichte, wenn sich zwei Gegenspieler von einst nun als Platzname und als Denkmal gegenüberstanden. Kossuth siegte langfristig, denn der Platz hieß dann im 20. Jahrhundert und bis heute Kossuth-Platz.

Schon im Jahr davor, 1907, konnte sich die Bevölkerung an der Errichtung des Denkmals eines wirklichen Sohnes der Stadt erfreuen: Vilmos Zsolnay erhielt nur sieben Jahre nach seinem Tod an einer breiten Weggabelung im Süden der Innenstadt das wohl größte Denkmal Fünfkirchens: Das Fünfeck des Sockels mit symbolischen Figuren verweist dabei auf den Namen der Stadt, den Zsolnay auch im Wahrzeichen des Unternehmens, nämlich fünf stilisierten Kirchtürmen, versinnbildlichte. Damit war auch in Fünfkirchen der Auftakt für eine Kultur des Denkmals als Ort der Selbstvergewisserung der jeweiligen Gesellschaft und ihres Zeitgeistes gemacht, vergleichbar unzähligen anderen Städten jeglicher Größe in Europa der Jahrhundertwende. Wie sehr sich die Zeitgenossen dabei von temporären politischen Strömungen leiten ließen, zeigt das Franzosendenkmal, das 1908 auf dem Mecsekhang über der Stadt errichtet wurde: Eine latente antideutsche Stimmung und das Bestreben, sich Frankreich anzunähern, waren der Hintergrund, lokale Überlieferung durch Archivstudien zu ergänzen; es stellte sich heraus, dass während der antinapoleonischen Kriege rund 2.000 Soldaten der französischen Armeen hier interniert waren, wovon einige im Lazarett verstarben. Dieser wollte man zum Centenarium mit dem Denkmal gedenken und einem »ritterlichen Verwandtschaftsgefühl« mit den Franzosen Ausdruck verleihen – ein Gefühl, das schon wenige Jahre später gänzlich verflogen war und den Urhebern recht peinlich gewesen sein dürfte. Neue Wellen der Errichtung von Denkmälern sollten hier in den 20er- und 60er- bis 70er-Jahren des 20. Jahrhunderts und schließlich nach der politischen Wende folgen.

Das Jahr 1907, als das neue Rathaus eröffnet und das Zsolnay-Denkmal enthüllt wurde, war jedoch noch in ganz anderer Hinsicht bedeutend: Es kann durchaus als der Höhepunkt der wirtschaftlichen Entwicklung Fünfkirchens angesehen werden, als hier von Mai bis Oktober über fünf Monate hinweg eine große Landesausstellung stattfand – wahrscheinlich das größte gesellschaftliche und wirtschaftspolitische Ereignis, das die Stadt jemals erlebt hat. Industrie, Handwerk, Bergbau, Landwirtschaft, Weinbau, Verkehrswesen, Lehranstalten und Kunstschaffende aus ganz Ungarn präsentierten ihre Produkte, ihre Aufgaben, ihre Techniken, ihre Unternehmen. Die Ausstellung fand auf dem damals noch freien Terrain südwestlich der Innenstadt in der Nähe des Bahnhofs statt. Es entstanden hier 56 zum Teil ausgesprochen große und von namhaften Architekten überwiegend im Jugendstil in der Spielart von Lechner und dem neu aufkommenden Heimatstil kunstvoll gestaltete Pavillons, teils Hallen, teils

Bauensembles, phantasievolle Traumschlösser. Der Volksmund nannte das Ausstellungsgelände »Tündérváros«, Feenstadt. Es wurde eine umfassende Schau des Leistungsvermögens einer Nation geboten, die ihren Entwicklungsrückstand gegenüber anderen mitteleuropäischen Ländern im vergangenen halben Jahrhundert in rasantem Tempo zu großen Teilen aufgeholt hatte, die nicht nur in der Wirtschaft, sondern auch im Verkehrswesen, im Bildungsbereich, im Gesundheitswesen wie überhaupt im öffentlichen Leben Riesenschritte zurückgelegt hatte. Zu allen diesen Bereichen konnte sich auf der Fünfkirchener Landesausstellung eine Million Besucher, also etwa der zwanzigste Teil der Landesbevölkerung, ein umfassendes Bild machen. Und spätestens mit diesem Großereignis war Fünfkirchen landesweit in Wirtschaft und Kultur als innovatives Zentrum bekannt, es konnte sich mit seinem reichen historischen Erbe wie auch mit seinen inzwischen das Ortsbild prägenden luxuriösen Bauten stolz der ganzen Nation präsentieren.

In diesen letzten Jahren vor dem Ersten Weltkrieg hatte Fünfkirchen zweifelsohne – lassen wir die Glanzzeiten des Mittelalters außer Betracht – einen Höhepunkt in seiner Entwicklung erreicht. Von den knapp 48.000 Einwohnern der Stadt im Jahre 1910 lebten inzwischen große Teile in den Vorstädten und in den Bergbausiedlungen, die alte Innenstadt fing bereits an, den Charakter eines Geschäfts- und Kulturzentrums anzunehmen. Der Anteil der Beschäftigten in Industrie und Handwerk war inzwischen auf gut 37 % gestiegen, der Bergbau machte noch rund 7,5 % aus, doch auch die Ackerbürger waren mit etwa 7 % noch keinesfalls aus dem Stadtbild verschwunden. Allerdings verlor die Stadt gleichzeitig einen anderen Teil ihres früheren Reichtums, trotz des polyglotten Zuzugs in die expandierenden Wirtschaftsbereiche: Die Stadt, in der ab Ende des 17. Jahrhunderts drei Sprachen nebeneinander existierten und wo etliche weitere zu hören waren, wurde zunehmend einsprachig. Das Ungarische hatte die Sprachen der Südslawen schon fast ganz aufgesogen, lediglich das Deutsche war mit knapp 13 % – wohl wegen der zuziehenden Schwaben vom Land und wegen der Bergarbeiter – noch als Minderheitensprache wahrnehmbar. Bei Ausbruch des Weltkrieges zogen aber auch diese als glühende ungarische Patrioten für König und Vaterland an die Front.

PÉCS IM 20. JAHRHUNDERT

Die Jahre des Weltkrieges waren auch für Fünfkirchen enorm entbehrungsreich. Allerdings entging die Stadt Kriegshandlungen und hatte somit auch keine Kriegsschäden zu beklagen. Als es im Jahr 1918 in der Monarchie angesichts der sich katastrophal verschlimmernden Verhältnisse jedoch immer häufiger zu Antikriegsdemonstrationen kam, wurde auch Fünfkirchen zu einem Brandherd: Im Mai 1918 kam es zu einer Meuterei von Angehörigen der k.u.k. Armee, der sich bewaffnete Bergleute anschlossen. Diese waren schon seit Beginn des Jahrhunderts – 1903 wurde hier die erste Bergbaugewerkschaft gegründet – immer wieder zu Arbeitskämpfen und zu Arbeiterunruhen bereit gewesen und waren ein landesweiter Indikator für sozialen Protest.

Im Oktober und November 1918 überschlugen sich in Österreich-Ungarn die Ereignisse: Am 16. Oktober erließ Kaiser und König Karl sein »Völkermanifest«, am 21. Oktober konstituierte sich die Nationalversammlung Deutschösterreichs, am 28. Oktober wurde die Tschechoslowakei ausgerufen, am 29. Oktober löste sich Kroatien aus dem Reichsverband. Der bürgerlichen »Astern-Revolution« am 30./31. Oktober in Budapest waren ereignisreiche Wochen vorausgegangen, die Macht lag nun bei Arbeiter- und Soldatenräten. Der Waffenstillstand mit dem italienischen Oberkommando am 3. November 1918 war nur mehr eine Bestätigung der Auflösung der österreichisch-ungarischen Monarchie, deren Armeen eigentlich nicht mehr existierten und deren Soldaten nun in wildem Durcheinander in ihre jeweiligen Heimatregionen zu kommen versuchten.

Eines der wichtigsten Ziele, das die aus der Astern-Revolution hervorgegangene Regierung von Mihály Károly verfolgen musste, war eine umfassende Waffenruhe. Károly reiste am 7. November nach Belgrad, um mit den Alliierten einen Waffenstillstand für Ungarn abzuschließen. Die Hauptstadt war von serbischen Truppen gerade erst am 1. November wieder eingenommen worden. Die Konditionen der Alliierten unter französischer Führung waren für Ungarn derart erdrückend, dass sie erst nach rund einer Woche – als klar wurde, dass Ungarn andernfalls noch schlechter abschneiden würde – von der ungarischen Delegation unterzeichnet wurden. Das Belgrader Waffenstillstandsabkommen vom 13. November sah vor, dass Ungarn die Gebiete südlich einer Linie von

Fünfkirchen über das Banat und entlang des Mieresch in Siebenbürgen militärisch räumen müsse. Im südlichen Ungarn und im Banat sollten serbische, in Siebenbürgen rumänische Truppen die Besatzungen stellen, während die ungarische zivile Verwaltung aber weiterbestehen sollte. Die Demarkationslinie sollte nicht weit nördlich Fünfkirchens verlaufen. Die endgültige Regelung der staatlichen Zugehörigkeit blieb einem abschließenden Friedensvertrag zwischen Ungarn und den Alliierten vorbehalten.

Wechselvolle Besatzungsjahre

Als die serbischen Truppen jedoch ab dem 14. November einmarschierten, überschritten sie diese festgelegte Linie und besetzten mit der Mecsek-Region das gesamte Fünfkirchener Bergbaugebiet. Die Sicherung der reichen Kohlenvorkommen war für das in einer Neuaufstellung begriffene Land, ein Sieger des Krieges, von eminenter Bedeutung. Damit begann für Fünfkirchen und für die ganze Region eine Periode politischer Wechselbäder. Schon am 1. Dezember wurde das Königreich der Serben, Kroaten und Slowenen ausgerufen, zu dem nun auch das unmittelbar benachbarte Kroatien, seit Jahrhunderten staatsrechtlich ein Teil Ungarns, gehörte. Zugleich gab das neue südslawische Königreich bekannt, dass es die besetzten Gebiete auf Dauer zu behalten entschlossen sei. Mit den Bevölkerungsverhältnissen war dies für das Komitat Baranya nicht wirklich zu begründen, da hier alle südslawischen Gruppen zusammen – Kroaten, Serben, Bunjewatzen, Schokazen – nach der Volkszählung von 1910 nicht mehr als rund 25 % der Bevölkerung ausmachten. In Fünfkirchen selbst war die Zahl mit 688 Kroaten und 125 Serben (1910) verschwindend gering. Unter diesen, zumal unter den Serben auf dem Lande, gab es allerdings durchaus Sympathien für die Besatzungstruppen.

Die Besatzer begannen entgegen den Bestimmungen des Waffenstillstandes mit dem Aufbau einer eigenen Zivilverwaltung. In der Folgezeit sollte sich die Bewohnerschaft der Stadt in ein linkes und ein rechtes Lager spalten, die je nach politischer Lage im nichtbesetzten Ungarn entweder zur Kollaboration mit den Besatzern oder zum Anschluss an den Rest Ungarns neigten. Die auf der Berg- und Industriearbeiterschaft fußende linke Bewegung, in die unterschiedliche Strömungen mündeten, organisierte im Februar/März 1919 einen dreiwöchigen Generalstreik, der

Abb. 18: Wochenmarkt auf dem Dreifaltigkeitsplatz um die Zeit des Ersten Weltkriegs. In der Bildmitte ist die aus der Franziskanergasse kommende Straßenbahn zu erkennen (1913 eröffnet).

sich noch in politischer Einigkeit mit der konservativen Politik gegen eine Abtrennung der Baranya von Ungarn wandte. Doch kurz danach musste die Regierung Károlyi in Budapest aufgrund der unhaltbar gewordenen innen- und außenpolitischen Lage zurücktreten. In unmittelbarer Folge entstand aus der Vereinigung von Sozialdemokraten und Kommunisten der Revolutionäre Regierende Rat, der die Räterepublik Ungarn ausrief. Das neue Regime ging unmittelbar daran, Gesellschaft und Wirtschaft umzubauen, Großbetriebe zu verstaatlichen, die Arbeiterschaft zu stärken. Die mehrheitlich sozialistisch orientierten Arbeiter des Fünfkirchener Bergbaugebiets sympathisierten mit der ungarischen Räterepublik, plädierten für einen Anschluss der Baranya und wechselten in großer Zahl mit mehreren ihrer Anführer ins nicht besetzte Ungarn. Die Verbliebenen drosselten ihren Arbeitseinsatz, sodass der Grubenertrag auf ein Drittel der Friedensleistung sank. Als Konsequenz erfolgte eine allmähliche Annährung der konservativen Kräfte des Komitats an die serbischen Besatzer, die den früheren Bürgermeister der Stadt, Andor Nendtvich, den sie im Januar 1919 ausgewiesen hatten, zurückholten, um die Lage zu beruhigen. Der konservative Teil der Stadt- und Komitatsbevölkerung, dem auch die katholischen Geistlichen und Orden zuzurechnen sind, schätzte den

Schutz, den die Besatzungstruppen vor dem Chaos und vor dem »roten Terror« im nicht besetzten Ungarn boten.

Nach der Überwindung des Rätesystems in Ungarn durch rumänische Truppen im August 1919 folgte eine Zeit schwacher Regime, bis im November konservative Kreise und Militär die Macht in Budapest übernahmen. Deren »weißer Terror« war nicht weniger grausam als das Vorgehen des Räteregimes und fand erst ab Sommer 1920 ein allmähliches Ende. In dieser Zeit wechselten die Affinitäten in der Baranya: Während sich die konservativen Kreise an Ungarn anzulehnen bestrebt waren und auf eine Wiedervereinigung hofften, lehnten sich die Linken an die serbischen Besatzer an. Zahlreiche verfolgte Kommunisten des Räteregimes fanden nun Zuflucht in der Baranya. Es kam immer wieder zu sozialistischen Demonstrationen in der Stadt und die Konservativen kamen unter starken Beschuss. Ende Mai 1920 richteten die Alliierten eine Militärkommission in Fünfkirchen ein, um die Lage mit steuern zu können. Unterdessen klärte sich die weitere Zukunft Ungarns: Im März 1920 war der frühere Admiral Miklós Horthy zum Reichsverweser Ungarns, einer Monarchie ohne König, bestimmt worden, der auf Restauration in jeder denkbaren Hinsicht drängte. Und am 4. Juni 1920 kam es im Pariser Vorortpalais Grand Trianon zur Unterzeichnung des Friedensvertrages zwischen den Alliierten und Ungarn. Dieser regelte die Grenzfragen endgültig. Vom Grundsatz her sollte dabei den ethnischen Bevölkerungsverhältnissen Rechnung getragen werden. In der Praxis gab es hiervon aber vielfältige Abweichungen zum Nachteil Ungarns – das Land hatte nur mehr wenige Freunde. Die Trianon-Grenze im Süden Ungarns verlief, vom österreichisch gewordenen Burgenland her kommend, entlang der Drau und schnitt den südlichen Teil der Baranya, etwa ein Fünftel des Komitats, im Dreieck von Drau und Donau ab. Das südslawische Königreich sollte die Erträge der Kohlengruben aber noch für eine bestimmte Zeit abschöpfen dürfen. Bis zur Ratifikation und Umsetzung des Vertrags sollte es aber noch geraume Zeit dauern.

In Fünfkirchen strebten nämlich die Ereignisse einem neuen Höhepunkt zu. Die sozialistischen Strömungen reorganisierten sich und errangen bei Wahlen für Vertretungskörperschaften der Baranya, die Ende August 1920 unter dem Schutz der Besatzer durchgeführt werden konnten, einen fulminanten Sieg. Das Ziel der Linken war eine fünfjährige Autonomie der Baranya unter der Schirmherrschaft der südslawischen Besatzer und des Völkerbundes, anschließend sollte ein Volksentscheid stattfinden. Damit wollte man dem Anschluss an das erzkonservative Restungarn entgehen. Bürgermeister Nendtvich wurde verhaftet und nach Ungarn ausgewiesen, ein früherer Minister im Kabinett Károlyi hatte die Führung in der Baranya übernommen. Weder Ungarn noch die Alliierten konnten diese Situation jedoch akzeptieren, die Prüfung der Reparationsansprüche des südslawischen Königreichs, des späteren Jugoslawien, zog sich jedoch hin. Nachdem im Mai 1921 entschieden war, in welchem Umfang Belgrad Erträge aus den Kohlengruben zustehen sollten, wurde der Abzug der jugoslawischen Truppen auf Druck der Alliierten ab dem 20. August 1921 vereinbart. Dies war allerdings öffentlich nicht bekannt, und eine Massenversammlung der Gewerkschaften am 14. August 1921 in Fünfkirchen war so stark emotionalisiert, dass sie Fakten schaffen und sich von Ungarn trennen wollte. Sie rief die »Serbisch-Ungarische Republik Baranya« aus – eine erstaunliche, aber keine singuläre Erscheinung an der Peripherie des alten Ungarn in den Wirren nach dem Ersten Weltkrieg. Weitere Gemeinden schlossen sich Fünfkirchen an. Allerdings stand das Datum für den Abzug der Truppen des Königreichs der Serben, Kroaten und Slowenen schon fest und somit auch das Ende dieser Republik: Sechs Tage nach Ausrufung der Republik begann der Abzug, in Fünfkirchen waren sie schon am 21. August abgezogen, drei Tage später hatten sie die vorgesehene neue Grenzlinie erreicht. Die Republik Baranya hatte ein Ende gefunden, ungarisches Militär marschierte in Fünfkirchen ein. Ein großer Teil der Serben der Region, teils auch Kroaten, rund 30.000 an der Zahl, zog mit den Besatzungstruppen ins Nachbarland mit, weitere Umsiedlungen folgten Ende der 20er-Jahre.

Die Okkupation der Baranya durch serbische Truppen hatte die Region zwar vor den Erschütterungen des roten und des weißen Terrors im nichtbesetzten Ungarn weitgehend bewahrt. Sie hatte aber andererseits die große innergesellschaftliche Spaltung in traumatischer Weise offenbart. Wie nachhaltig die Erfahrungen der serbischen Besatzungszeit die Bevölkerung von Fünfkirchen belastete, zeigt sich an der Art und Weise der langfristigen Aufarbeitung: Die Präsenz der Serben wurde im Rückblick als das eigentliche Übel in den Vordergrund gerückt, während die sozialen und politischen Verwerfungen und die unterschiedliche Haltung zu den Besatzern möglichst nicht thematisiert wurden. Zum zehnten Jahrestag des Abzugs der Besatzungstruppen wurde 1931 vor der katholischen Stadtpfarrkirche auf dem Széchenyi-Platz eine Gedenkfackel mit einem ewigen Licht errichtet, das die Erinnerung an die Jahre 1918–1921 nicht erkalten lassen sollte.

Fünfkirchen wird Universitätsstadt

Fünfkirchen fand sich 1921 in einem stark verkleinerten Ungarn wieder, das über zwei Drittel seines Staatsgebiets an Nachbarländer abtreten musste. Vom alten Stephansreich war nur mehr ein »Rumpfungarn« übriggeblieben, das dessen Bewohner in dieser Form nicht wirklich akzeptieren konnten – eine Revision des Vertrags von Trianon war gesellschaftlicher Konsens. Allerdings musste man sich notgedrungen mit der neuen Situation einrichten, und auch Fünfkirchen hielt umgehend Ausschau nach denkbaren Entwicklungsmöglichkeiten. Ungarn hatte zwei seiner Universitätsstandorte verloren: Klausenburg war an Rumänien gefallen, Pressburg an die Tschechoslowakei. Für beide Bildungsstätten, zunächst nach Budapest geflohen und provisorisch untergebracht, mussten neue Heimstätten auf dem verbliebenen Staatsgebiet gefunden werden. Während die Franz-Josephs-Universität Klausenburg nach Szeged umzog und dort ein bis heute prägendes Element der Stadt werden sollte, bewarb sich Fünfkirchen mit allem Nachdruck um die Elisabeth-Universität Pressburg. Diese war erst 1912 eröffnet und in ihrem geplanten weiteren Ausbau durch den Ersten Weltkrieg teilweise gehindert worden. Im Ringen um diese Universität kam der Stadtführung und dabei Bürgermeister Andor Nendtvich eine herausragende Rolle zu.

Dieser konnte sein Amt nach der Rückgliederung an Ungarn wieder antreten. Er wurde bereits seit 1906 immer wieder von Neuem, letztlich drei Jahrzehnte lang, in der Stadtführung bestätigt. Er war der Nachkomme einer bereits seit Beginn des 19. Jahrhunderts in Fünfkirchen heimischen und aus der Zips stammenden lutherischen Familie, die mehrere bedeutende Wissenschaftler hervorgebracht hatte. Auch als erster Bürger der sonst erzkatholischen Stadt hielt er bewusst an seiner Minderheitenkonfession fest. Er galt als äußerst gewissenhafter Sachwalter, der die Stadt mit sicherer Hand lenkte und deren Haushalt solide gestaltete. So war er auch der Richtige, um das große Projekt der Universitätsansiedlung in Fünfkirchen zu betreiben. Trotz eines Regierungsbeschlusses zum Umzug der Universität noch aus dem Jahr 1921 weigerte sich nämlich der Verteidigungsminister, die notwendigen Gebäude in Fünfkirchen frei zu geben. Die weitläufigen Gebäude der Kadettenschule, Teile der Kasernen und andere militärische Liegenschaften hätten die Universität aufnehmen sollen. Stattdessen musste die Stadt einspringen und schweren Herzens 1922 mehrere öffentliche Gebäude anbieten, die zum Teil gerade erst vor und während des Krieges fertiggestellt worden waren, ferner deren Unterhaltung zusagen und weitere Grundstücke für den künftigen Ausbau zur Verfügung stellen. So konnte bis Jahresende die Ansiedlung der Universität in Fünfkirchen tatsächlich gesichert werden. Der starke Einsatz zur Realisierung dieses Vorhabens zeugt von der weitsichtigen Planungspolitik der Stadt in einer Zeit, in der Ungarn den größten Teil seines Binnenmarktes wie auch seiner Rohstofflieferanten verloren hatte und gigantischen wirtschaftlichen Schwierigkeiten entgegengehen sollte.

Das Hauptgebäude der Universität sollte ab 1923 die Oberrealschule an der Rákóczi-Straße, erst 1914 errichtet, werden, die selbst in die Gebäude des Lyzeums in der Ofener Straße ausweichen musste. Die Universität erhielt später einen Ostflügel für die juristische Fakultät, der die alte Fünfkirchener Rechtsakademie eingegliedert wurde. Die Krankenhäuser und andere Einrichtungen wie die Hebammenschule wurden Abteilungen der medizinischen Fakultät, was deren Standard deutlich anhob, und sie nahmen einzelne Institute auf. Die chirurgische Klinik zog in die vormalige Handelsoberschule in der Gartengasse. Die bischöfliche Bibliothek in der Schulgasse stand der Universität zur Nutzung zur Verfügung, das Priesterseminar wurde als zweite theologische Fakultät des Landes – neben Budapest – in die Universität integriert. Im Laufe der Zeit folgten weitere Umwidmungen bestehender und die Errichtung neuer Bauten. Die Universität wurde so im Laufe der 20er- und 30er-Jahre zu einem bestimmenden Teil des städtischen Lebens. Sie behielt ihre Benennung nach Königin Elisabeth, »Sissi«, bei. Die Kontinuität zur mittelalterlichen Hochschule beanspruchte mit durchaus mehr Berechtigung das Zisterzienser-Gymnasium, das sich 1921 deswegen nach dem Universitätsgründer von 1367, König Ludwig dem Großen, benannte.

Hinzu kamen die zahlreichen weiteren Lehranstalten der Stadt, die bereits um die vorangegangene Jahrhundertwende an Zahl enorm zugenommen hatten. Neben einer ganzen Reihe an Volksschulen, die zur Zeit des Dualismus und während der 20er-Jahre teilweise neue Gebäude erhalten hatten, besaß die Stadt vier Bürgerschulen und drei Gymnasien, davon eines für Mädchen und eines, das erst kurz vor dem Ersten Weltkrieg von den zurückgekehrten Jesuiten gegründet worden war. Die Oberrealschule sollte in den 30er-Jahren ebenfalls Gymnasiumsstatus erhalten. Hinzu kamen das bischöfliche Lehrerseminar, die Lehrerinnenbildungsanstalt der Kanonissen, die städtische Handelsoberschule sowie die Handelsschule für Mädchen, die 1896 eröffnete staatliche Bergbauschule, eine Holz-Handelsschule sowie mehrere Lehrlings- und Handelsgehilfenschulen. Zu erwähnen sind des Weiteren eine städtische Musikschule sowie eine bischöfliche Schule für Kirchenmusik. Fünfkirchen konnte seine überregionale Stellung als Stadt der Bildung während der Zwischenkriegszeit nicht nur wahren, sondern noch deutlich ausbauen. Kultur und Bildung sollten nun die Wirtschaft als städtischen Motor und äußeres Kennzeichen ablösen.

Eine Provinzstadt sucht ihren Weg

Die allgemeine Lage sah nämlich keinesfalls vielversprechend aus. Fünfkirchen lag nun wahrhaftig an der Peripherie, keine 35 Kilometer von der Staatsgrenze im Süden entfernt, etliche Bahnlinien führten neuerdings ins Nichts, die Schifffahrt auf früheren Binnenflüssen war nunmehr erschwert oder gar nicht möglich, neue Zölle schränkten den Warenaustausch mit den Nachfolgestaaten sehr ein.

Auf der einen Seite gab es die Donaudampfschifffahrtsgesellschaft, die es vermochte, bis 1923 sämtliche Gruben im Fünfkirchener Bergbaugebiet in ihren Besitz zu bringen oder zu pachten. Sie führte ihre Gruben weiter und konnte an einigen Stellen sogar Erweiterungen das Abbaus oder der Bergbausiedlungen vornehmen. Sie verfügte über genügend Kapital, um infrastrukturelle Maßnahmen durchzuführen, die auch der Stadt zugutekamen, ja, sie konnte sich durch vielfältige Unterstützungen auch ins gesellschaftliche Leben der Stadt einbringen. Andererseits aber brachen bei bisher erfolgreichen Unternehmen wie etwa der Zsolnay-Fabrik Absatz und Produktion sehr stark ein. Künstlerische und Luxus-Produkte verschwanden nun aus dem Angebot, das sich zunehmend auf industrielle Herstellung von Gebrauchsporzellan einschränken musste. Erst gegen Ende der 30er-Jahre ging es im Unternehmen wieder aufwärts. Die Neuorientierung auf einen kleineren Binnenmarkt war zunächst schmerzhaft, wurde jedoch zügig umgesetzt. Nach einer zeitweiligen Schrumpfung der Bevölkerungszahlen stabilisierten sie sich und stiegen bis 1930 bereits wieder deutlich an.

Abb. 19: Die 1937 errichtete Friedhofskapelle auf dem Zentralfriedhof.

Neben der Universität gab es noch ein zweites Element, das in den 20er-Jahren auf lange Sicht Einzug in die Stadt hielt: die moderne Kunst und die moderne Architektur. Schon zu Beginn des Jahrhunderts verfügte Ungarn über eine ansehnliche, stark von Paris und München inspirierte Kunstszene. Es gab Künstlerkolonien, eine bedeutende Gruppenausstellung fand etwa 1909 in Budapest statt. Nach dem Weltkrieg war es neben Wien vor allem Fünfkirchen, das den nonkonformistischen Künstlern zur Zeit der serbischen Besetzung ein sicheres Refugium vor dem roten und weißen Terror bot. Dadurch wirkten diese hier zugleich anregend auf die junge Generation der Stadt. Auch wenn sich nur wenige Künstler auf Dauer hier niederlassen sollten, so wurde die Stadt doch zu einem Ort, den die oft umtriebigen Persönlichkeiten immer wieder zu kürzeren oder längeren Aufenthalten aufsuchen und dessen Kulturleben sie mit prägen sollten. Nach der Etablierung des Horthy-Regimes zog eine Gruppe junger Männer aus Fünfkirchen ans Weimarer Bauhaus. Mehrere von ihnen sollten später Bekanntheit erlangen, etwa Farkas Molnár, Andor Weininger oder Marcel Breuer, der den Armlehnstuhl aus Stahlrohren entwarf. Spuren dieses Phänomens finden sich auch in Fünfkirchen, nachdem einige Bauhaus-Künstler zeitweilig oder dauerhaft zurückkehrten. So entstanden hier vor allem in den 30er-Jahren zahlreiche vom Bauhaus geprägte Bauten, neben etlichen Wohnhäusern etwa das Urania-Kino (1935) oder das Hotel Kikelet auf dem Mecsek-Hang (1937).

In diesen Kontext reihen sich auch mehrere neue kirchliche Bauten ein. Während die Gebäude für das Pius-Kolleg, das Gymnasium der Jesuiten, die nach Plänen von 1914 erst nach Krieg und Besetzung in der Sziget-ter Vorstadt fertiggestellt wurden, neoromanische Stilmerkmale tragen, zeigt die Friedhofskirche von 1932/33 die klare Linie des Bauhauses und mit ihrer Zentralkuppel auf quadratischem Hauptschiff gleichzeitig eine klare Parallele zur Stadtpfarrkirche im Ortszentrum. Schon wenige Jahre danach entstand 1937 auf dem Mecsek-Hang oberhalb der Stadt ein beeindruckender Kirchenneubau, der als wichtiger Beitrag zur Kirchenarchitektur Ungarns angesehen wird: Der Paulinerorden, der im 18. Jahrhundert ein Kloster in der Ofener Gasse errichtet hatte, zog mit diesem Neubau in das Umfeld seiner mittelalterlichen Niederlassung, die sich in der Einsamkeit weiter oberhalb auf dem Jakobsberg befunden hatte.

Ein weiterer Kirchenbau erfuhr eine Veränderung, die in späteren Zeiten zu einer Begriffsverwirrung führen sollte. Die katholische Stadtpfarrkirche auf dem Dreifaltigkeitsplatz (Széchenyi tér) war für die Gemeinde inzwischen viel zu klein geworden. Die Renovierung und Erweiterung, die 1939 vorgenommen wurde, brachte das muslimische Gotteshaus beinahe vollständig wieder zum Vorschein. Der Kirchturm, der nördliche Anbau sowie die Eingangshalle vor dem Haupteingang im Südosten wurden abgetragen, sämtliche späteren Zierelemente und Putzschichten von den Außenmauern entfernt. Die Erweiterung des Kirchenraums erfolgte durch ein sich im Nordosten dezent anfügendes Halbrund mit zwei Seitenapsiden, wodurch der Altar in der Mitte des Kirchenraumes zu stehen kam und dieser seine Grundfläche verdoppelte. Die Kuppel wurde nicht mehr von einem Turm überragt und blieb daher als alleiniges bestimmendes Element erhalten. Die an den Außenwänden nun wieder sichtbaren Stilelemente der Moschee mit zahlreichen Kielbogenfenstern und das kaum noch auffällige Hauptportal an der Marktseite gaben der Stadtpfarrkirche tatsächlich die äußere Erscheinungsform einer Moschee. Dieser Eindruck sollte sich in den 1950er-Jahren noch weiter verstärken, als die Kuppel in halbrunder Form mit Grünspan auf Kupfer imitierendem Anstrich erneuert wurde und die vorherigen hoch geschwungenen Formen verschwanden. Lediglich das Kreuz über dem Halbmond – ein Motiv, das auch das ehemalige Minarett der Spitalskirche trug – weist von außen auf den christlichen Charakter des Gotteshauses hin. Mit diesem äußeren Wandel sollte ab der zweiten Hälfte des 20. Jahrhunderts auch ein Begriffswandel einhergehen: Die Stadtpfarrkirche, im Ungarischen »Innerstädter Kirche« (belvárosi templom), wurde zunächst »ehemalige Moschee des Ghazi Kassim«, dann zunehmend nur mehr »Ghazi-Kassim-Moschee« genannt. So ist die Kirche heute ausgeschildert, in Stadtpläne und Reiseführer oft nur als »Moschee« (dzsámi) eingetragen – wogegen der heutige Fünfkirchener Bischof Mihály Mayer, ein Donauschwabe, zu Recht protestiert, werden doch dadurch nicht einfach nur Konfessionen, sondern gar Religionen gedankenlos vertauscht.

Minderheit auf Abwegen, Minderheit in Gefahr

Das Ungarn der Zwischenkriegszeit hatte nach dem Zusammenbruch der Monarchie und dem als nationale Katastrophe empfundenen Friedensvertrag von Trianon 1920 seine Politik gegenüber den ethnischen Minderheiten, die nur mehr einen Anteil von 10,5 % (1920) ausmachten, eher noch verschärft: Nur ein einheitlicher Nationalstaat ohne anderssprachige Gruppen konnte Ungarn – aus der Sicht der Politik – stark genug für die Zukunft machen. Minderheiten erhielten keinerlei Gruppenrechte, Schulunterricht gab es fast nur in ungarischer Sprache, Anerkennung gab es nur für die bedingungslose Einordnung in die ungarische Kultur. Ganz anders sah man das Schicksal der ungarischen Minderheiten in den Nachbarländern, also auf ehemals ungarischem Territorium, die allesamt über mehr Rechte als die Minderheiten in Ungarn verfügten und für die sich das alte Mutterland nachdrücklich einsetzte. So wurde etwa an der Universität Fünfkirchen 1936 ein »Minderheiteninstitut« gegründet, doch setzte sich dieses im Wesentlichen mit den Ungarn im Ausland auseinander.

Die wenigen Persönlichkeiten und Einrichtungen, die sich für die Belange der deutschen Minderheit und für die deutsche Sprache einsetzten, blieben vor diesem Hintergrund weitgehend erfolglos und wurden von der Mehrheitsgesellschaft marginalisiert. Auch in Fünfkirchen trafen sich die verschiedenen Völkerschaften in der als gemeinsam empfundenen ungarischen Kultur, ob das nun am Arbeitsplatz, in der Schule oder in den zahlreichen Vereinen der Stadt wie den Gesangsvereinen oder den Pfadfindern war. Dabei machten die Deutschen unter den zugezogenen Berg-

oder Industriearbeitern nach wie vor die größte Gruppe aus. So musste in der Zsolnay-Fabrik noch in den 20er-Jahren die Betriebsordnung auch in deutscher Sprache verfasst werden, damit sie von der Belegschaft verstanden wurde. Ab 1935 wurde in Fünfkirchen für einige Jahre der »Deutsche Volksbote« als ein Organ der Ungarndeutschen gedruckt. Allerdings fehlte es der deutschen Nationalitätenbewegung an einer Oberschicht, wie man gerade am Beispiel Fünfkirchens gut erkennen konnte: Das Bürgertum war nahezu vollständig ungarisch assimiliert und wahrte – genauso wie weite Teil der wohlhabenden Bauerndörfer – kritische Distanz zu den Bestrebungen der Minderheitenpolitiker.

Erst nachdem sich Hitlerdeutschland als Schutzmacht gegenüber der ungarischen Regierung durchsetzte, erhielt die deutsche Minderheit ab 1938 und noch einmal 1940 umfassende Rechte. Dabei sollte nun auch Fünfkirchen als der Mittelpunkt des größten deutschen Siedlungsgebiets in Ungarn, der Schwäbischen Türkei, eine besondere Rolle zufallen. So wurde hier zum Schuljahr 1941/42 eines von zwei deutschen Gymnasien des Landes – das andere befand sich in Budapest – eingerichtet. Der Träger war der Volksbund der Deutschen in Ungarn als Körperschaft des öffentlichen Rechts, seit 1941 von den zuständigen Behörden des Deutschen Reiches ideologisch weitgehend gleichgeschaltet. Bei der Werbung der Schüler stellte man fest, wie schlecht es um deren Deutschkenntnisse bestellt war. Selbst Lehrkräfte für Volksschulen konnten kaum gefunden werden. Für die ungarndeutschen Nationalsozialisten, die ihre Treue zu Hitlerdeutschland 1942–1944 mit einer intensiven Werbung für die Musterung der jungen Volksbundangehörigen zur Waffen-SS unter Beweis stellten, war Fünfkirchen ein Paradebeispiel für eine einst großteils deutsche, aber inzwischen für die deutsche Kultur – oder in den Worten der Zeit: für das »Deutschtum« – verlorene Stadt, ein Terrain, das man zurückgewinnen wollte. Zur Überraschung der Volksbundfunktionäre wie auch der reichsdeutschen Stellen waren die Deutschen – oder auch: die »Deutschstämmigen« – der Stadt wie auch ihrer Umgebung für nationalsozialistische Agitation nur zum Teil empfänglich. Auf dem Land fand etwa die »Treuebewegung«, die die Loyalität gegenüber dem Heimatland Ungarn zum Ausdruck bringen und sich von den nationalsozialistischen Agitatoren absetzen wollte, großen Zuspruch. In Fünfkirchen fand die Propaganda des Volksbundes unter der Industrie- und teilweise Bergarbeiterschaft Anhänger. Doch auch unter diesen gab es Tendenzen zur Abgrenzung, der Unmut über die Politik des »Dritten Reiches« wurde teils öffentlich kundgetan. Über die ausgespro-

Abb. 20: »Stolpersteine«, hier in der Seminargasse, erinnern auch in Fünfkirchen an die deportierten und ermordeten Juden.

chene Staatstreue hinaus, die die Ungarndeutschen in ihrer Allgemeinheit auszeichnete, hatte sich hier in breiten Kreisen bereits ein regionales Selbstbewusstsein entwickelt, das nur mehr zu Teilen zur Identifikation mit großdeutschen Fragen zu bewegen war. Neben glühende Begeisterung für das auflebende Nationalbewusstsein der Deutschen traten somit auch abwartende, distanzierte und ablehnende Positionen.

Wie die Deutschen in den Städten hatten sich auch die Juden vorbehaltlos zur ungarischen Kultur und Sprache bekannt. Dennoch nahmen bereits während der Zwischenkriegszeit antisemitische Maßnahmen in Ungarn zu. Dabei entwickelte sich die Universität Fünfkirchen zu einem Refugium für jüdische Studenten, deren Anteil in allen Fakultäten sehr stark anstieg während er etwa in Budapest zunehmend gegen null ging. Die Zahl der Juden in Fünfkirchen sank während der Zwischenkriegszeit von knapp 4.300 (1920) auf knapp 3.500 (1941), dennoch bestand hier eine kräftige neologe Gemeinde. Nach Kriegsbeginn konnte sich die ungarische Staatsführung trotz des Bündnisses mit Hitlerdeutschland zunächst gegen die von diesem geforderte Internierung der Juden wehren. Erst mit der bedingungslosen Gleichschaltung Ungarns im März 1944 und der Stationierung deutscher Truppen setzte die Vorbereitung der Deportationen der ungarischen Juden in Vernichtungslager ein. Dabei arbeiteten ungarische und reichsdeutsche Stellen zusammen. Die Durchführung der Internierungs- und Deportationsbestimmungen oblag den lokalen Behörden, wobei die Fünfkirchener Amtsträger bei deren Umsetzung meist etwas zurückhaltender agierten als in anderen Städten. Dessen ungeachtet erfassten die antijüdischen Maßnahmen nahezu alle Juden der Stadt und des Komitats. Ab Mai wurden Sammelstellen und ein Ghetto in der Nähe des Bahnhofs eingerichtet, von wo aus überwiegend im Juni und Juli der Abtransport in die Vernichtungslager, meist nach Auschwitz, erfolgte. Rund 4.000 Juden aus Fünfkirchen und seiner Umgebung wurden dort ermordet, nur wenige überlebten.

Eine sozialistische Stadt entsteht

Nach dem verlorenen Krieg und der Besetzung Ungarns durch sowjetische Truppen ab Februar 1945 suchten Regierung und Gesellschaft nach potenziellen Schuldigen für das Desaster. Sie wurden schnell gefunden: Neben Hitlerdeutschland waren es vor allem die eigenen Deutschen, die für das im Nachhinein falsche Bündnis und für den falschen Weg kollektiv haftbar gemacht wurden. Unmittelbar einsetzende Enteignungen, Internierungen, Deportation zu Zwangsarbeit in die Sowjetunion folgten. Nach dem Potsdamer Abkommen im August 1945 wurde auch in Ungarn die Vertreibung aller Deutschen vorbereitet, letztlich kam es zwischen Ende 1945 und 1948 jedoch nur zur Vertreibung von knapp der Hälfte der Deutschen des Landes. Vor allem Kleinbauern und Industriearbeiter verblieben in der Heimat. Auch in der Schwäbischen Türkei und in Fünfkirchen gab es daher kein einheitliches Bild: Teilweise konnten ganze Dorfgemeinschaften auf ihren Höfen wohnen bleiben, andere wurden ganz oder teilweise zwangsausgesiedelt. In Fünfkirchen sollen die zu vertreibenden Deutschen an der gleichen Stelle gesammelt worden sein, wo 1944 die Juden vor der Deportation zusammengepfercht wurden. Allerdings kamen die meisten Ungarndeutschen in die amerikanische, einige in die sowjetische Besatzungszone, etliche kehrten schon bald danach illegal in ihre Heimatdörfer zurück. Die Verbliebenen waren jedoch vor Ort vielfältigen Schikanen und Demütigungen ausgesetzt, in allen Familien waren Opfer zu beklagen. Die Zeit der Entrechtung dauerte offiziell bis 1950, in der Praxis jedoch bis Mitte der 50er-Jahre an.

Der sukzessive Regimewechsel zwischen 1945 und 1949 in Budapest mit dem Ziel der Errichtung der »Diktatur des Proletariats« brachte in Fünfkirchen wie für das ganze Land einen grundlegenden Umbau der Wirtschaft. In der schon seit der Jahrhundertwende über starke linke Strömungen verfügenden Stadt fanden sich rasch neue Amtsträger für alle zentralen Machtpositionen. Die Fabriken mit mehr als 100 Arbeitern wurden 1948 verstaatlicht, später ausgebaut und auf Massenfertigung umgestellt. Vor allem die Eisen verarbeitende Industrie wurde forciert. Durch den steigenden Arbeitskräftebedarf sowohl in der Industrieproduktion wie auch im Bergbau stieg die Zahl der Arbeiterschaft massiv an, was zu einer zweiten Bevölkerungsexplosion führte. Die Einwohnerzahl schnellte von rund 78.000 bei Kriegsende auf weit über das Doppelte, rund 180.000, in den 1980er-Jahren. 25.000 davon arbeiteten alleine im Bergbau. Dieser wurde wegen der Entdeckung des in Europa seltenen und für neue Technologien in den Blockländern bedeutenden Uranerzes zusätzlich ausgeweitet. Für diese neuen Einwohner musste neuer Wohnraum geschaffen werden, zunächst noch in Steinbauweise, bald aber ganze Stadtviertel in eigens entwickelter Plattenkonstruktion. Als herausragendes Beispiel ist dabei die »Uranstadt«, Uránváros, zu nennen, die ab Mitte der 1950er-Jahre auf dem Gelände des ehemaligen Militärflughafens in der Szigeter Vorstadt errichtet wurde und als beispielhaftes städtebauliches Konzept für jene Zeit gilt.

Auch in der Bildungspolitik nahm der Staat das Heft in die Hand, nachdem die linken Parteien ab 1947 eine Mehrheit im Parlament hielten und sich Moskau immer weiter annäherten: 1948 wurden sämtliche Schulen, die noch in konfessioneller oder privater Trägerschaft waren, verstaatlicht und einheitlichen Lehrplänen unterworfen, so auch das vielfältige Schulwesen Fünfkirchens. Die pädagogischen Ausrichtungen der Schulen wandelten sich nun – von politisch-ideologischen Vorgaben statt des bisherigen christlichen Wertekanons ganz abgesehen – von der bis dahin vorherrschenden Allgemeinbildung zu Fach- und Berufsbildung. Nachdem der Primas von Ungarn, Kardinal Mindszenty, bereits 1947 verhaftet und anschließend zu lebenslanger Haft verurteilt wurde, führte eine Ministerratsverordnung des Jahres 1950 einen weiteren Schlag gegen die Kirche aus: Die Orden wurden aufgelöst, ein Teil der Ordensangehörigen in Gewahrsam genommen. Das Fünfkirchener theologische Seminar, Teil der Universität, musste seine Arbeit 1950 einstellen, in sein altes Gebäudes sollte ein heilpädagogisches Institut einziehen. Fünfkirchen wurde zu einer sozialistischen Arbeiterstadt, in der die Partei ihre Kennzeichen und den Sowjetstern über alle denkbaren Gebäude und Denkmäler setzte und in der die zahlreichen Neubauviertel bald einen deutlichen Kontrast zum abblätternden Grau des historischen Erbes bilden sollte. Dieses hatte zum Glück keine Kriegsschäden erlitten – es gab in der Stadt lediglich einen Bombentreffer – und wurde auch in sozialistischer Zeit bis auf wenige Ausnahmen in seiner Existenz nicht in Frage gestellt.

Die Revolution 1956

Die politische Lage in den Ländern des sowjetischen Blocks, eine zögerliche Entstalinisierung der Diktatur unter Mátyás Rákosi und aktuelle Ereignisse in Polen beschäftigten vor allem die Studentenschaft in den ungarischen Städten. Bereits seit Anfang Oktober 1956 zeigte sich unter ihnen politische Unruhe, und gegen Mitte des Monats begannen sie, sich vom kommunistischen Jugendverband loszusagen. In Fünfkirchen nahm die Revolution am 22. Oktober 1956 ihren Anfang: Die Studentenschaft der Universität bildete ein Studentenparlament und führte hitzige Debatten über ihre Forderungen, so etwa über die Uranminen und über die stationierten Sowjettruppen. In den Folgetagen schlossen sich die Berg- und Fabrikarbeiter den Demonstrationen an. Nach Verhängung des Standrechts in der Stadt und im Komitat gab es zunächst Verhaftungen. Die Nachrichten vom Erfolg der Revolution in der Hauptstadt ließen auch in Fünfkirchen allerorten Arbeiterräte entstehen, am 28. Oktober siegte die Revolution auch auf Komitatsebene und es wurde ein Nationalrat gebildet. Die Sicherung der öffentlichen Ordnung wurde durch Garden neu organisiert und dafür selbst die Waffen der Staatssicherheit eingesetzt. Die Zeitung »Szabad Dunántúl« (Freies Transdanubien) kam als neues Presseorgan heraus. Die Gerüchte über mobilisierte und heranrückende sowjetische Truppen führten ab 29. Oktober zur Aufstellung von Kampfeinheiten, denen unter anderen 300 Studenten angehörten. Nachdem die sowjetischen Panzereinheiten zeitgleich zu den Ereignissen in Budapest im Morgengrauen des 4. November in Fünfkirchen einmarschiert waren, entwaffneten sie das Militär, besetzten alle strategisch wichtigen Punkte der Stadt und erließen ein Versammlungsverbot. Eine größere Gruppe junger Männer floh auf den Mecsek und gedachte, von dort aus den Kampf gegen die Sowjets fortzuführen. Nach rund zwei Wochen mussten sie aufgeben, und manchem von ihnen glückte es nicht, unbemerkt unterzutauchen. Diese wurden in der Folgezeit genauso verfolgt wie alle anderen Bürger, die sich in Arbeiter- oder Nationalräten, in der Studentenschaft oder Presse für die Revolution eingesetzt hatten. Eine bis dahin nicht gekannte Zeit der Repressalien und der Freiheitseinschränkungen folgte. Die kollektive Depression erfasste auch Fünfkirchen, das sozialistische Einheitsgrau verfinsterte sich zu Schwarztönen.

Museen und moderne Kunst

Ihrer Abseitslage, im Windschatten der Ideologen in den Zentralen, sollte die Stadt in den folgenden Jahrzehnten jedoch auch wieder Bereicherungen verdanken: Die moderne Kunst, die Galerien und Museen, bis dahin nur als Farbtupfer wahrnehmbar, sollten ihr ganz allmählich einen wahrnehmbaren Farbanstrich verleihen. Das erste städtische Museum war bereits 1904 eröffnet worden und schon drei Jahre später musste es aus Platzgründen ins neue Rathaus umziehen. Das Museum erhielt Zustiftungen aus allen Kreisen des Bürgertums, es übernahm damals archäologische Privatsammlungen, eine Keramik-Sammlung der Zsolnay-Fabrik, zahlreiche naturkundliche Exponate. 1933 konnte das Museum in ein eigenes Gebäude in der Rákóczi-Straße umziehen, das heutige Ethnographische Museum. Inzwischen war 1925 beim Dom ein Lapidarium eingerichtet worden, 1938 folgte die Gründung eines Komitatsmuseums. Erst mit der Verstaatlichung der Museen, die unter Kriegsauslagerungen nur wenig gelitten hatten, kam es 1951 zur Vereinigung der Einrichtungen unter dem Namen »Janus-Pannonius-Museum« (seit 1958 mit allen Museen des Komitats zusammengefasst). Nun wurden verschiedene Museumsabteilungen rasch aufeinander folgend eröffnet, teils mit überführten Beständen: 1952 öffnete das Lapidarium, 1955 das Zsolnay-Museum in der Oberen Kapitelsgasse, das Ethnographische Museum war neu gestaltet worden, Sonderausstellungen, die Einrichtung von Restaurierungswerkstätten und Labors folgten. Mit der Eröffnung der Modernen Ungarischen Galerie 1957, der eine bedeutende Schenkung eines Sammlers vorausging, wurde schließlich die Grundlage dafür gelegt, dass Fünfkirchen zum zweitwichtigsten Kunststandort in Ungarn neben Budapest werden sollte. Die Bestände wurden durch Schenkungen enorm vergrößert und bieten – heute an zwei Standorten in der Oberen Kapitelsgasse und in der Seminargasse – einen umfassenden Einblick in die moderne ungarische Malerei seit etwa 1890, zahlreiche europaweit bedeutende Künstler mit enthaltend. Der Zufall wollte es, dass namhafte Künstler der Moderne in Fünfkirchen zur Welt gekommen waren oder aber letztlich dort landeten. So wurde der maßgebliche Vertreter der optischen Kunst, der Op Art, Victor Vasarely, hier geboren, auch wenn er bereits als Kind wegzog. Seit 1930 bei Paris ansässig, schenkte er seiner Geburtsstadt 1976 eine größere Sammlung eigener Werke, die seither in seinem Geburtshaus gegenüber dem Zsolnay-Museum gezeigt werden. Ferenc Martyn ließ sich nach langen Jahren in Paris, wo er Mitglied der »Abstraction Creation« war, schließlich in Fünfkirchen nieder; das Museum seiner Werke öffnete 1986 als letztes in der »Museumsgasse«. Bereits 1973 war ein Museum für einen zu Lebzeiten nicht erkannten modernen Maler, Tivadar Csontváry-Kosztka, eröffnet worden, es folgten weitere Museen für Endre Nemes, Amerigo Tot und Erzsébet Schaár. Fünfkirchen wurde somit in Ungarn zum Muss für Interessenten an zeitgenössischer Kunst, die bald auch im alten Komitatshaus in der Seminargasse eine Abteilung für die Werke ab etwa 1950 erhielt. Das überaus reichhaltige Stadtmuseum mit einer Ausstellung zur Stadtgeschichte (1686–1948) sowie zum Lederergewerbe erhielt ab 1985 in einem vorbildlich restaurierten Handwerkerhof des 18./19. Jahrhunderts in der Mühlgasse ein angemessenes Domizil.

Das museale Interesse ging jedoch deutlich weiter, die spärlichen Reste der Osmanenzeit sollten sichtbar werden. So wurde die Spitalskapelle der katholischen Kirche entfremdet und zwischen 1955 und 1960 wieder rückgebaut, sodass die osmanischen Stilmerkmale wieder sichtbar wurden. Das Minarett, das bis zur umlaufenden Balustrade original erhalten war, wurde rekonstruiert und erhielt lediglich den Halbmond wieder. Nach archäologischen Forschungen zum Derwischkloster zu Beginn der 1970er-Jahre wurde die Jakováli-Hassan-Moschee mit einer von der türkischen Regierung gespendeten Inneneinrichtung schließlich 1975 als Museum für die Osmanenzeit und als Moschee wieder geöffnet. Bald danach wurde das türkische Bad des Pascha Memi vor der Franziskanerkirche, das erst in den 1880er-Jahren abgetragen worden war, wieder freigelegt, die Fundamente erhöht und als Freilichtobjekt zugänglich gemacht. So entstand ein sichtbarer Kontrast zwischen der osmanischen Geschichte der Stadt und den Kirchen der Gegenwart. Die auf dem Széchenyi-Platz seit dem Rückbau der Kuppel Mitte der 50er-Jahre äußerlich ebenfalls wieder klar erkennbare Moschee nutzte der Künstler Pál Pátzay, der 1956 mit der Anfertigung des Denkmals für Johannes Hunyadi beauftragt worden war, für seine eigene Botschaft: Er gestaltete und platzierte den zu Pferd reitenden Feldherrn und Türkenkämpfer von 1456, den »Athleta Christi«, so, dass er – von der rechten Stelle von Süden her betrachtet – mit seinem Streitkolben auf das Gotteshaus des einstigen Kriegsgegners einschlägt.

Als durchaus verdienstvoll sind spätere Maßnahmen einer »radikalen Denkmalpflege« anzusehen. Zwar waren die alten Stadttore alle verschwunden, doch hatten sich große Teile der einst langen Stadtmauer erhalten. Allerdings wurden diese seit dem 18. Jahrhundert allmählich von beiden Seiten zugebaut, indem beiderseits Wohnhäuser, Werkstätten, Lager an sie angelehnt wurden – sie war kaum noch zu erkennen. Diese Häuser wurden nun entlang der nördlichen äußeren Mauer vollständig entfernt, wodurch der historische Charakter der Stadt wieder sichtbar wurde. Im Süden hatte sich nur ein kurzes Mauerstück erhalten, doch kann der aufmerksame Besucher auch dort immer wieder Mauerreste als Außenwände von Häusern erkennen.

Nationalitätenpolitik in mehreren Stufen

Im Rahmen der sozialistischen Ideologie, ab den Endvierzigerjahren allein maßgeblich, begann der ungarische Staat, sich mit seinen Nationalitäten auseinanderzusetzen. Der 1949 in Fünfkirchen eingerichtete Lehrstuhl für serbokroatische Sprache kam den südslawischen Minderheitengruppen der Stadt mittelbar zugute. Die Deutschen wurden nur zögerlich rehabilitiert, erst seit 1955 verfügten auch sie über einen eigenen »Demokratischen Verband«. Der 1956 an der Pädagogischen Hochschule eingerichtete Lehrstuhl für deutsche Sprache sollte in den folgenden Jahrzehnten neben germanistischer Forschung vor allem als Stätte der Lehrerausbildung eine wichtige Funktion übernehmen. 1957 kam eine deutsche Sendung im Radio Fünfkirchen hinzu, erst eine halbe Stunde wöchentlich, dann täglich. Ab 1978 sollte es auch Fernsehsendungen des Regionalstudios Fünfkirchen in deutscher und in serbokroatischer Sprache geben. Fünfkirchen entwickelte sich allmählich zu so etwas wie einem Zentrum der deutschen Minderheit in Ungarn, der allerdings primär die Nachkommen der sogenannten Schwaben angehörten, nicht das einst deutsche Fünfkirchener Bürgertum. Ebenfalls 1956 wurde am Klára-Leőwey-Gymnasium, der früheren Mädchenschule der Kanonissen, ein sogenannter deutscher Nationalitätenklassenzug eingerichtet, in dessen Rahmen eine bestimmte Stundenzahl in deutscher Sprache unterrichtet wurde – eine von zwei Schulen im ganzen Land, in denen deutschsprachiger Unterricht angeboten wurde.

Das waren zwar nur bescheidene Zugeständnisse an die Minderheiten, aber deutlich entgegenkommender als in der Zwischenkriegszeit – allerdings noch kein wirklicher Wandel in der Nationalitätenpolitik Ungarns. Dieser sollte erst ab Ende der 60er-Jahre einsetzen, als die Budapester Politik anfing, sich für die Situation der Ungarn in den Nachbarländern zu interessieren und somit den eigenen ethnischen Minderheiten durchaus vielfältige kulturelle Betätigungsmöglichkeiten zugestand. Zwar gab es unter den Ungarndeutschen Aussiedlungswünsche in die Bundesrepublik, doch eher vereinzelt und nicht als Massenerscheinung. Die Ungarndeutschen blieben ihrem Heimatland trotz der Nachkriegserlebnisse auf lange Sicht hin loyal verbunden, auch als sie zunehmend Verbindungen zu Verwandten und Freunden, vertriebenen oder ausgesiedelten, nach Deutschland hin pflegen konnten. Eine Folge solcher Kontakte zwischen in Deutschland lebenden Donauschwaben und ihren Herkunftsregionen ist die erste deutsch-ungarische Städtepartnerschaft: Sie wurde 1986 zwischen Fünfkirchen und Fellbach in Württemberg geschlossen – eine bis heute lebendige Beziehung. Als es in den 80er-Jahren möglich wurde, Kulturstätten für Minderheiten einzurichten, beteiligte sich diese Partnerstadt genauso wie bundesdeutsche und ungarische Stellen 1987–1989 an der Einrichtung des »Lenau-Hauses« in Fünfkirchen. Es entstand an jener Stelle im Südosten der Innenstadt, wo im Mittelalter das Dominikanerkloster gestanden hatte. Es ist heute nicht nur das neben Budapest wichtigste deutsche Kulturzentrum in Ungarn, wo auch die Selbstverwaltungen der Deutschen in Fünfkirchen und im Komitat Baranya ihren Sitz haben. Es hat sich auch zu einer der wichtigen kulturellen Veranstaltungsstätten der Stadt schlechthin entwickelt.

Die politische Wende als Schock und Chance

Nach der politischen Wende von 1989/90 und dem Zusammenbruch der sozialistischen Planwirtschaft musste auch Fünfkirchen eine Schocktherapie durchmachen: Der Kohlen- und der Uranbergbau brachen zusammen, die großen Fabriken stellten ihre Produktion ein. Die Bergstollen wurden der Reihe nach aufgegeben, die letzte Mine wurde 2004 geschlossen.

Die Arbeitslosenzahlen schossen in die Höhe und die Stadt begann, rasch Einwohner zu verlieren – bis 2009 sank die Zahl auf knapp 157.000, also gegenüber den Höchstzahlen in den 1980er-Jahren um knapp 15 %. Hinzu kam ein spürbarer Rückgang des Tourismus zu Beginn der 1990er-Jahre wegen des – zeitweilig in Hörweite stattfindenden – Krieges im auseinanderbrechenden Jugoslawien. Erst ab Mitte der 90er-Jahre siedelten sich aufgrund des guten Images Ungarns und der geringen Lohnkosten allmählich internationale Firmen in Fünfkirchen an, allerdings meist nur mit Teilprozessen von Produktionen.

Währenddessen wurde aber der Bildungsstandort erneut gestärkt. Durch bereits gegen Ende der 8oer-Jahre einsetzende Rückgabeverfahren von Immobilien an ihre ursprünglichen kirchlichen Besitzer und die Wiederzulassung von Orden erhielt auch Fünfkirchen wichtige Impulse. 1991 konnte das Bistum das theologische Seminar im historischen Gebäude sowie die Musikschule wiedereröffnen. Es war übrigens das Jahr, in dem Papst Johannes Paul II. Fünfkirchen einen Besuch abstattete. Dabei verlieh er dem Dom den Titel einer Basilica minor. Neben dem Bistum, das eine ganze Reihe katholischer Schulen gründete, erhielt auch der Zisterzienserorden seine Gebäude wieder und konnte seit 1993 das Gymnasium Ludwig der Große am Széchenyi-Platz wieder unter eigener Leitung betreiben. Eine landesweite Besonderheit Fünfkirchens ist das 1994 von einer Stiftung ins Leben gerufene Gandhi-Gymnasium für Roma-Kinder mit angeschlossenem Internat. Auch andere Lehranstalten nahmen einen großen Aufschwung, etwa das Klára-Leőwey-Gymnasium oder die deutsche Minderheitenschule, die seit 1993 zum Valeria-Koch-Bildungszentrum vom Kindergarten bis zum Gymnasium in der Trägerschaft der Landesselbstverwaltung der Deutschen in Ungarn ausgebaut wurde und anhaltenden Zuspruch erfährt. Das Gegenstück dazu für die kroatische Minderheit ist das Miroslav-Krleža-Bildungszentrum, das in gleicher Weise ausgebaut wurde und sehr nachgefragt ist.

Es gab noch einen weiteren Bereich, in dem sich ein großer Nachholbedarf der Fünfkirchener Bürger feststellen ließ: die Denkmalkultur. Waren es in der Zeit des Sozialismus vor allem moderne Künstler, deren Werke öffentlich aufgestellt wurden, so rückten nun historische Ereignisse und Persönlichkeiten in den Vordergrund: etwa die »Märtyrer« der Revolution von 1848/49, die gleich eine ganze Promenade erhielten (ab 1991), die Gefallenen des Zweiten Weltkriegs (1999), die Verfolgten der Revolution von 1956 (1991), die vertriebenen Deutschen (1997) oder Persönlichkeiten wie Lajos Batthyány, der erste Ministerpräsident von 1848 (1999). Gleichzeitig verschwanden die ideologisch motivierten Namen von Straßen und Plätzen und eine ganze Reihe der historischen Gassennamen kehrte wieder. Die Symbole und Wappen des sozialistischen Systems verschwanden zuerst, das alte Stadtwappen und auch erhalten gebliebene historische Wahrzeichen durften wieder sichtbar werden – die Blechverkleidung vom bunten ungarischen Reichswappen aus Zsolnay-Keramik im Giebel des Postpalais konnte nach vier Jahrzehnten wieder entfernt werden. Trotz aller wirtschaftlichen Probleme wurde an diesen symbolischen Handlungen ein Aufbruch sichtbar, der zeigte, dass man sich in Fünfkirchen der eigenen Geschichte und des eigenen Platzes im Kulturerbe mit neuen wie alten Ausdrucksformen vergewisserte.

Ungarn war bereits seit den 70er- und 80er-Jahren bestrebt, eine nach außen hin vorbildliche Minderheitenpolitik zu betreiben, um seinen Forderungen für die ungarischen Minderheiten in den Nachbarländern mehr Nachdruck verleihen zu können. So wurden rechtliche Rahmen für die verschiedenen in Ungarn lebenden ethnischen Gruppen geschaffen, die diesen neue Impulse zur Festigung ihrer inzwischen verblassenden Identität gaben. In Fünfkirchen fanden sich erstaunlich viele Minderheitengruppen an, was bald als lokaler kultureller Reichtum erkannt werden sollte. Nach der Wende wurde die historische »Multikulturalität« der Stadt, die im Alltag ja kaum noch feststellbar, bestenfalls noch an den Nachnamen der Fünfkirchener erahnbar war, bewusst als eines der Alleinstellungsmerkmale gepflegt. Neben den beiden größten Gruppen, den Deutschen und Kroaten, die auch historisch eine Rolle in der Stadtgeschichte gespielt hatten, gibt es in Fünfkirchen (Stand 2006) sieben weitere »Minderheitenselbstverwaltungen«: Bulgaren, Griechen, Polen, Roma, Russen, Serben und Ukrainer haben jeweils eigene Vertreter für ihre Belange und als Ansprechpartner für Behörden. Die Juden der Stadt tauchen nicht als eigene Gruppe auf, da sie als Religionsgemeinschaft betrachtet werden. Allerdings besteht die jüdische Gemeinde in Fünfkirchen bis heute, wenn sie auch mit etwa 120 Mitgliedern eher klein ist. Nach dem Krieg war sie noch einmal auf etwa 700 Mitglieder angewachsen, als hier jüdische Waisenkinder und Alte auch aus anderen Orten aufgenommen wurden und einige Überlebende des Holocaust zurückkehrten. Viele emigrierten bereits ab Ende der 1940er-Jahre nach Israel. Im Hof der Synagoge und des Gemeindehauses wurde ein beeindruckendes Denkmal für die 1944 ermordeten Juden der Stadt errichtet – warum dieses übrigens in

der Präsentation der Denkmäler und Gedenkstätten der Stadt nicht auf-
taucht, obwohl dort sonst fast jede Plakette Berücksichtigung fand, lässt
Spielraum für Spekulationen.

Der erfolgreiche und integrative Umgang der Stadt mit ihren zahlreichen Minderheiten war übrigens der Anlass für die Verleihung des
UNESCO-Friedenspreises 1998 an Fünfkirchen. Und bereits zwei Jahre
später gab es die nächste Auszeichnung dieser Einrichtung der Verein-
ten Nationen: Die frühchristlichen Grabstätten von Fünfkirchen wurden
im Jahr 2000 in die Welterbeliste aufgenommen. Die laufend durchge-
führten archäologischen Forschungen hatten immer wieder wichtige neue
Funde zutage gebracht und deutlich gemacht, dass es sich hier um das
bedeutendste und größte Gräberfeld aus der Frühzeit des Christentums
außerhalb Italiens handelt. Erst 2007 wurde die Ausgrabung der Cella
Septichora, einer Grabkapelle mit sieben Apsiden, abgeschlossen, die im
Hochmittelalter noch als Kirche genutzt wurde. Seither können Besucher
über einen dezent gestalteten Portikus unterhalb des Kiosk auf der Promenade vor dem Dom die Welterbestätten in neuer, zeitgemäßer Gestaltung
und hervorragender Erschließung besichtigen.

Ein weiterer wichtiger Meilenstein der Nachwendezeit war ebenfalls
im Jahr 2000 die Gründung der Universität Fünfkirchen – Pécsi Tudo-
mányegyetem – durch Zusammenlegung der zwischenzeitlich entstandenen Einrichtungen der akademischen Lehre. Bereits während des Zweiten
Weltkrieges wurde die philosophische Fakultät auf andere Universitäten
des Landes aufgeteilt. 1951 folgte schließlich die Verlagerung der Medizin in eine eigene, künftig massiv ausgebaute Universität, sodass die eigentliche Universität nur mehr aus der Rechtswissenschaft bestand. Nach
der Verlegung einer wirtschaftswissenschaftlichen Fakultät aus Budapest
(1975) und der Vereinigung mit der Pädagogischen Hochschule (1982) erhielt die neue Lehranstalt den Namen Janus-Pannonius-Universität nach
dem im 15. Jahrhundert in der Stadt wirkenden Bischof und Humanis-
ten. In den Jahren nach der Wende folgten weitere Ausdifferenzierungen
innerhalb der Universität und Anschlüsse anderer höherer Lehrinstitute,
doch erst mit der Vereinigung der Medizinischen Universität, der Janus-
Pannonius-Universität und der Pädagogischen Hochschule des unweit
gelegenen Szekszárd entstand jene Universität, die heute im europäischen
Wettbewerb in der Lage ist, von weither Studenten anzuziehen.

Mit über 30.500 Studierenden (2008) und zehn Fakultäten ist sie heute
die zahlenmäßig größte akademische Lehranstalt Ungarns. Die Studenten

aus dem In- und Ausland sind heute aus dem Straßenbild der Stadt nicht mehr wegzudenken. Gerade die medizinische Fakultät, aber auch andere Fächer mit insgesamt dreißig Studiengängen in englischer und deutscher Sprache, ziehen zahlreiche internationale Studenten an, die deutschen dürften dabei die größte Gruppe bilden. Neben der schon erwähnten Germanistik sind auch andere Geisteswissenschaften wie die Geschichte in Fünfkirchen namhaft besetzt. Eine Besonderheit besteht an der Universität seit dem Jahr 2006, als hier ein bundesdeutscher Stiftungslehrstuhl für deutsche Geschichte und Kultur im südöstlichen Mitteleuropa eingerichtet wurde. Damit wird in Ungarn erstmals ein wissenschaftliches Lehrangebot über eine jener Gruppen gemacht, die das Land und hier die Stadt und die Region entscheidend mitprägten.

Die heutige Universität Fünfkirchen beruft sich in ihrer Tradition auf die mittelalterliche bischöfliche Universität, auch auf die Pressburger »Academia Istropolitana«, die König Matthias Corvinus mithilfe seines früheren Lehrers Johann Vitéz gegründet hatte, schließlich auf die bischöflichen höheren Schulen und auf die königliche Rechtsakademie um 1800. Tatsächlich aber besteht zu diesen Institutionen keinerlei Kontinuität oder sonstige Beziehung, außer der Ansiedlung am gleichen Ort. Hingegen werden die Gelehrtenschulen der Osmanen, die im 16. und 17. Jahrhundert eine große Ausstrahlung hatten, in der konstruierten Tradition übergangen, wahrscheinlich aus Unkenntnis über ihre Bedeutung. Da die heutige Universität verstreut in der ganzen Stadt untergebracht ist, wurde an einem ihrer Schwerpunktstandorte, den Gebäuden des früheren Pius-Gymnasiums der Jesuiten, das »Universitätstor« als symbolischer Eingang zum Campus errichtet – eines von zahlreichen beeindruckenden Denkmälern der letzten zwei Jahrzehnte in der Stadt.

Die Europäische Kulturhauptstadt

Eine der herausragenden Herausforderungen der Stadt nach der Jahrtausendwende war ihre Bewerbung um den Titel einer »Europäischen Kulturhauptstadt« für das Jahr 2010. Europäische Kommission und Europäisches Parlament hatten beschlossen, ab 2009 neben einer Stadt aus den alten Mitgliedsländern zunächst für ein Jahrzehnt stets auch einer Stadt aus den neuen Mitgliedsländern diesen Titel zu verleihen. Den Vorreiter machte Hermannstadt im Jahr 2007, als dies zusammen mit der Großregion Luxemburg den Titel erhielt. In Fünfkirchen war es zunächst eine Bürgerinitiative, die die Idee verfolgte, bis sich auch die Stadtführung der Sache annahm. Die Fünfkirchener mussten sich innerhalb Ungarns jedoch einem harten Konkurrenzkampf mit nicht weniger als zehn namhaften und schönen Städten stellen, unter ihnen etwa Stuhlweißenburg, Ödenburg, Raab, aber auch Budapest. Sie gewannen diesen Kampf mit einem überzeugenden Konzept unter dem Schlagwort »Stadt ohne Grenzen«, das neben einem runden Kulturprogramm vor allem fünf Großprojekte vorsah. Diese sollten dem kulturellen, wissenschaftlichen und gesellschaftlichen Leben der Stadt auf lange Sicht dienen und der Stadt einen äußeren Stempel aufdrücken, anders ausgedrückt: Die Stadt will ihre Wirtschaft künftig auf Kulturbelange aufbauen, nachdem der Bergbau und die Großindustrien zusammengebrochen sind. Nach der Bestätigung des ungarischen Vorschlags durch Brüssel im Jahre 2005 setzten vielfältige Werbemaßnahmen und Vorbereitungen ein, bald auch enge Abstimmungen mit den Kulturhauptstädten des gleichen Jahres Essen/Ruhrgebiet für Deutschland und Istanbul für die Türkei.

Bei der Umsetzung der Großprojekte für das Kulturhauptstadtjahr fingen jedoch bald mehrere Köche an, sich einzubringen, und drohten allmählich das Gericht zu verderben. Das Konzept für 2010 sah folgende Punkte vor:

An der östlichen Stadtausfahrt und unweit der Zsolnay-Fabrik soll eine große Veranstaltungshalle entstehen, die sowohl für Konzerte wie für Konferenzen und Festivals nutzbar ist; als Teile davon sind der Sitz des Fünfkirchener Pannonischen Philharmonischen Orchesters sowie ein Konferenzzentrum geplant.

Das gegenüber liegende weitläufige Zsolnay-Fabriksgelände mit historischen und sozialistischen Werkshallen, Fabriksschloten, aber auch mit vielen Grünflächen, Parks, künstlerisch gestalteten Direktionsgebäuden sowie Wohnhäusern der Unternehmerfamilie soll zu einem Kulturviertel werden. Es sind ein Kunstgewerbebereich, ein Ausstellungs- und Werkbereich sowie Angebote für Familien und für die Jugend vorgesehen, des Weiteren sollen die künstlerischen Fächer der Universität hier einziehen. Lediglich in einem kleinen Randbereich soll die Keramik- und Porzellanproduktion fortgeführt werden.

Ein drittes Vorhaben wurde deutlich modifiziert und wird nun statt eines Museumsneubaus eine – aus stadtplanerischer Sicht wohl auch sinnvollere – Sanierung der »Museumsgasse« einschließlich einer weitgehenden Neukonzeption der dort bestehenden Museen beinhalten: Es geht dabei um die zahlreichen Kunstmuseen zwischen der Modernen Ungarischen Galerie (II) im alten Komitatsgebäude in der Seminargasse (Papnövelde utca) durch die ganze Obere Kapitelsgasse (Káptalan utca) mit dem Zsolnay-Museum über das Vasarhely-Museum, die Moderne Ungarische Galerie (I) mit Lapidarium und andere Museen bis hin zum Csontváry-Museum in der Unteren Kapitelsgasse (Janus Pannonius utca).

Als monumentaler Plan, wie ihn Fünfkirchen vor allem aus der Zeit um 1900 kennt, ist das Südtransdanubische Bibliotheks- und Wissenszentrum anzusehen. Es soll ebenfalls im Südosten der Innenstadt, allerdings auf der westlichen Seite des Mitte des 19. Jahrhunderts von Adolph Engel gegründeten Stadtbades entstehen. Das Gebäude, das manche Bauhaus-Anklänge aufweisen wird, soll die Stadtbibliothek, die Komitatsbibliothek, die Universitätsbibliothek sowie einige Fakultätsbibliotheken zusammenführen, eine Kinderbücherei enthalten und somit mit weiteren Informationsangeboten das größte Dokumentationszentrum der Region werden.

Das sowohl für die Stadtbewohner wie auch für das eigentliche Kulturhauptstadtprogramm wohl wichtigste Vorhaben ist die Revitalisierung der öffentlichen Plätze und Parks. Dabei sollen nicht nur zentrale Publikumsmagnete wie der Széchenyi-Platz und das nähere Umfeld der oben genannten, räumlich benachbarten Großprojekte neu gestaltet werden. Vielmehr sollen auch Plätze und Freiflächen in den Vororten und Neubauvierteln ein neues und ansprechendes Äußeres erhalten. Damit gewinnt die Stadt ein wichtiges Stück Lebensqualität und gleichzeitig wichtige Treffpunkte und sicher auch Veranstaltungsorte für das Jahr 2010.

Angesichts der großen innerungarischen Konkurrenz im Vorfeld der Kulturhauptstadtentscheidung standen die Veranstalter unter immensem Erfolgsdruck: Die Projektplanungen, mit denen sie die anderen Städte ausgestochen hatten, mussten zwingend verwirklicht werden. Als dabei aber zu viele Instanzen – bei der Regierung in Budapest, beim Komitat, bei dem für die Durchführung gegründeten Unternehmen, bei der Stadt – anfingen, mitzureden und mitzuentscheiden, verfestigten sich die Fronten, vergeudete man Zeit und Energie, verpasste Termine. Komplizierte Bestimmungen der Europäischen Kommission, die einen Großteil der Gelder für die Umsetzung bereitstellte, taten ein Übriges, um die Lage zu verschlimmern. Viele Künstler und viele Bürger, die das ganze Vorhaben angestoßen hatten, wandten sich enttäuscht ab. Erst mit sehr großer Verspätung konnten die Ausschreibungen für die Großprojekte zu einem

Abb. 21: Das Markenzeichen der Zsolnay-Werke – hier an einem Brunnen auf dem Fabriksgelände – steht mit seinen fünf Kirchtürmen für den Namen der Stadt.

Ende gebracht und Mitte 2009 schließlich die Verträge unterschrieben werden – zu einem Zeitpunkt, als bereits der erste Entwurf für das Programm des Jahres 2010 vorgestellt wurde.

In der Konsequenz wird es dazu kommen, dass jene zwei Vorhaben, die für das Kulturhauptstadtprogramm tatsächlich am wichtigsten sind, wohl bis zum Frühjahr 2010 abgeschlossen werden können: Die Sanierung der Fünfkirchener Museen mit Schwerpunkt in der »Museumsgasse« sowie die Neugestaltung der öffentlichen Plätze. Mit der Umsetzung der anderen drei Projekte wurde ebenfalls Mitte 2009 begonnen, doch dürfte sich 2010 bestenfalls ein Teilbereich des Zsolnay-Kulturviertels nutzen lassen. Der Rest werden sichtbare und wichtige Arbeiten an der Zukunft der Stadt und der Region sein – man wird den Beginn, die lange Perspektive sehen, und so ist die Idee der Kulturhauptstädte auch richtig verstanden: Der Ehrentitel »Europäische Kulturhauptstadt« soll ein Anstoß zu nachhaltigem und langfristigem Wandel sein, ob es nun um kulturelle, touristische, wirtschaftliche oder städteplanerische Belange geht. Der lange Atem und der weit vorausschauende Blick ist einer Stadt, die auf eine fast zweitausendjährige Geschichte blicken kann, schließlich nicht zu verdenken.

Im Fieber der Kulturhauptstadtthematik geriet aber ein anderes Datum in Fünfkirchen in den Hintergrund oder wurde gar als »Einleitung« des großen Jahres 2010 fehlgedeutet. Im Jahr 2009 konnte nämlich das Bistum

Fünfkirchen sein Millennium seit der Gründung durch König Stephan I., den Heiligen, feierlich begehen. Zwischen dem 18. und 23. August fand im Umfeld des Domes ein umfängliches Festprogramm mit Schauspielen, Konzerten, feierlichen Messen und Begegnungen mit reger Beteiligung der Bevölkerung statt – immerhin sind auch heute noch nahezu zwei Drittel der Einwohner des Bistums auch Mitglieder der katholischen Kirche. Die Tausendjahrfeier des Bistums machte deutlich, dass die Kirche über die Jahrhunderte hin die prägende kulturelle und geistige Kraft der Stadt war und bis zu guten Teilen auch heute noch ist. Das Millenniums-Logo sind fünf um ein als Pfeil in die Zukunft weisendes rotes Kreuz kreisförmig geschwungene blaue Linien, die in fünf goldenen Kirchtürmen auslaufen.

AUSWAHLBIBLIOGRAPHIE

Aknai, Tamás: Fünfkirchen/Pécs. Ein kunstgeschichtlicher Rundgang durch die Stadt unter dem Mecsek-Gebirge. Regensburg, Potsdam 2010.

Beiträge zur Gegenwart des Deutschtums in Pécs/Fünfkirchen. Pécs/ Fünfkirchen 2001.

Bezerédy, Győző (Hg.): »Németnek Bécs, magyarnak Pécs«. Évszazadok krónikásai a városról [„Was den Deutschen Wien, das ist den Ungarn Fünfkirchen.« Die Jahrhunderte in Stadtchroniken]. Pécs 1997.

Boros, László: Kalmár Lajos: A pécsi bazilika és a város ókeresztény emlékei [Die Basilika von Fünfkirchen und die frühchristlichen Denkmäler der Stadt]. Pécs o. J. [2008].

Csizmadia, Andor: Die Universität Pécs im Mittelalter. Budapest 1967.

Die Donauschwaben. Deutsche Siedlung in Südosteuropa. Ausstellungskatalog. Sigmaringen 1987.

Erdélyi, Ernő (Hg.): Az épülő Pécs. Városrendezési kérdései [Das bauende Fünfkirchen. Fragen der Stadtplanung]. Pécs 1961.

Fata, Márta (Hg.): Die Schwäbische Türkei. Lebensformen der Ethnien in Südwestungarn. Sigmaringen 1997.

Fedeles, Tamás: Eine Bischofsresidenz in Ungarn während des Mittelalters. In: Quaestiones Medii Aevi Novae [Warszava] 13 (2008), S. 179– 219.

Fedeles, Tamás; Sarbak, Gábor; Sümegi, József (Hg.): A középkor évszázadai (1009-1543) [Die Jahrhunderte des Mittelalters]. Pécs 2009.

Font, Márta: A középkori pécsi egyetem [Die mittelalterliche Universität Fünfkirchen]. In: Jelenkor 44 (2002), 5, S. 465–479.

Fülep, Ferenc: Beiträge zur frühmittelalterlichen Geschichte von Pécs. Sopianae – Quinque Basilicae – Fünfkirchen. Budapest 1973.

Fülep, Ferenc: Sopianae. Die Stadt Pécs zur Römerzeit. Budapest 1975.

Gattermann, Claus Heinrich: Die Baranya in den Jahren 1686 bis 1713. Kontinuität und Wandel in einem ungarischen Komitat nach dem Abzug der Türken. Göttingen 2005.

Gerecze, Peter: Die Fünfkirchener Kathedrale und ihre Wandgemälde. Fünfkirchen 1891.

Haas, Michael: Gedenkbuch der k. freien Stadt Fünfkirchen. Fünfkirchen 1852.

Hudák, Krisztina; Nagy, Levente: A Fine and Private Place. Discovering the Early Christian Cemetery of Sopianae/Pécs. Pécs 2009.

Kalmár, Lajos; Nácsa, János: Pécs. Ein Stadtrundgang mit mediterranen Impressionen. Pécs o.J.

Kaposi, Zoltán: Pécs gazdasági fejlődése, 1867–2000 [Die wirtschaftliche Entwicklung von Fünfkirchen 1867–2000]. Pécs [2006].

Madas, József: Pécs belvárosának utcanevei [Die Gassennamen der Fünfkirchener Innenstadt]. In: Baranyai helytörténetírás 1977 (1979), S. 397–439.

Márfi, Attila: Thália papjai Pécsett. Színjátszás Pécsett a 18. században és a reformkorban [Priester der Thalia in Fünfkirchen. Theaterleben in Fünfkirchen im 18. Jahrhundert und in der Reformzeit]. Pécs [1998].

Márfi, Attila u.a. (Hg.): Pécs ezer éve. Szemelvények és források a város történetéről (1009–1962) [Tausend Jahre Fünfkirchen. Chrestomatie und Quellen zur Stadtgeschichte (1009–1962)]. Pécs 1996.

Molnár, Judit: Two Cities, Two Policies, One Outcome: The De-Judaization of Pécs and Szeged in 1944. In: Yad Vashem Studies 32 (2004).

Schödl, Günter (Hg.): Land an der Donau. Deutsche Geschichte im Osten Europas [VI]. Berlin 1995.

Sándor, Mária: Sopianae und Quinqueeclesiae. Die Frage der Stadtkontinuität zwischen römischer und mittelalterlicher Siedlung. In: Beiträge zur Mittelalterarchäologie in Österreich 17 (2001), S. 233–239.

Seewann, Gerhard: Das Ungarndeutschtum 1918–1988. In: Edgar Hösch, Gerhard Seewann (Hg.): Aspekte ethnischer Identität. München 1991, S. 299–323.

Spannenberger, Norbert: Der Volksbund der Deutschen in Ungarn 1938–1944 unter Horthy und Hitler. München [2]2005.

Szirtes, Gábor: Pécsi panteon. Portrék a millenniumi korából [Fünfkirchener Pantheon. Porträts aus der Millenniumsepoche]. Pécs 1998.

Szirtes, Gábor; Vargha, Dezső (Hg.): Angstertől Zsolnayig. Ipartörténeti tanulmányok [Von Angster bis Zsolnay. Studien zur Gewerbegeschichte]. Pécs [2]2007.

Tanulmányok Pécs történetéből [Studien zur Geschichte von Fünfkirchen]. Hgg. Márta Font, József Vonyó u.a. Bisher 20 Bände. Pécs 1995–2009.

Varga, Szabolcs: Kirchen, Peregrination und Schulbildung in der Fünfkirchener Diözese im 16. und 17. Jahrhundert. In: Ungarn-Jahrbuch 29 (2008), S. 33–58.

Varga, Szabolcs: Pécs a török hódoltság korában [Fünfkirchen in osmanischer Zeit]. In: Pécsi szemle 12 (2009), H. 3, S. 6–21.

Zimmermann, Harald: Wilhelm von Koppenbach, der Gründer der Universität Fünfkirchen. In: Font, Márta; Szögi, László (Hg.): Die ungarische Universitätsbildung und Europa. Pécs 2001, S. 33–39.

NACHWEIS DER ZITATE

(1) Tamás Aknai: Fünfkirchen/Pécs. Ein kunsthistorischer Rundgang durch die Stadt unter dem Mecsek-Gebirge. Regensburg, Potsdam 2010, S. 8.

(2) Michael Haas: Gedenkbuch der k. freien Stadt Fünfkirchen. Fünfkirchen 1852, S. 57.

(3) Ebenda, S. 20f. Zitiert wird Nikolaus Istvánffy (1538–1615), ungarischer Chronist, in den Fünfkirchen betreffenden Teilen weitgehend Nikolaus Olahus (1493–1568) folgend. Dieser war ein aus Siebenbürgen stammender Domherr (1516–1521) und bischöflicher Sekretär in Fünfkirchen, dann Erzbischof von Gran.

(4) Ebenda, S. 21. Zitiert wird Paul von Gregorianz, Domherr in Fünfkirchen, dann Bischof von Raab (seit 1553).

(5) Ungarns Geschichte und Kultur in Dokumenten. Hg. Johann von Farkas. Wiesbaden 1955, S. 29f.

(6) Übersetzung aus dem Lateinischen von Fritz Tech in: Ungarische Dichtung aus fünf Jahrhunderten. Hg. Stephan Hermlin, György Mihály Vajda. Budapest 1970, S. 10.

(7) Aknai (wie Anm. 1), S. 37.

(8) Haas (wie Anm. 2), S. 63.

(9) Krista Zach: Konfessionelle Pluralität, Stände und Nation. Ausgewählte Abhandlungen zur südosteuropäischen Religions- und Gesellschaftsgeschichte. Hg. Joachim Bahlcke, Konrad Gündisch. Münster 2004, S. 270.

(10) Pécs ezer éve. Szemelvények és források a város történetéről (1009–1962). Hg. Attila Márfi u.a. Pécs 1996, S. 86.

(11) Ebenda, S. 87.

(12) Siebenbürgische Chronik des Schässburger Stadtschreibers Georg Kraus. Wien 1862 [Ndr. Graz 1969], S. 380.

(13) Ebenda, S. 383.

(14) Othmar Pickl: Die Verdienste der Steiermark an der Rückeroberung von Slawonien und der Baranya 1684 bis 1688. In: 2000 Jahre entlang der Donau. Aus der gemeinsamen Vergangenheit in die gemeinsame EU-Zukunft. Hg. Zoltán Huszár. Pécs 2003 [ung./dt.], S. 273.

(15) Haas (wie Anm. 2), S. 69.

(16) Ebenda, S. 70.

(17) Ebenda, S. 71f.

(18) Pécs ezer éve (wie Anm. 10), S. 114.

(19) Haas (wie Anm. 2), S. 73.

(20) Márta Fata: Einwanderung und Ansiedlung der Deutschen (1686-1790). In: Günter Schödl (Hg.): Land an der Donau. Deutsche Geschichte im Osten Europas [VI]. Berlin 1995, S. 115.

(21) Pécs ezer éve (wie Anm. 10), S. 134.

(22) Ebenda, S. 149.

(23) Franz Metz: Josef Angster. Das Tagebuch eines Orgelbauers. München 2004.

(24) Peter Gerecze: Die Fünfkirchener Kathedrale und ihre Wandgemälde. Fünfkirchen 1891, S. 3f.

ABBILDUNGSNACHWEIS

Fototafeln: Konrad Gündisch: 3, 4 unten, 9 oben, 14. Harald Roth: 1, 2, 4 oben, 5–8, 9 unten, 10–13, 15, 16.

Vorsatz: Stadtplan von András Kikindai, Budapest.

Nachsatz: Stadtplan von 1864 aus den Beständen der Ungarischen Nationalbibliothek Budapest (Országos Széchényi Könyvtár), der für die Abdruckerlaubnis freundlich zu danken ist.

Abbildungen im Text

Abb. 1, 4: Vidor Pataki, Gyula Gosztonyi: Pécs legrégibb hiteles ábrázolása [Die ältesten glaubwürdigen Bilder von Fünfkirchen]. In: Sorsunk 1 (1941), S. 413–420; Rekonstruktionsskizzen: Gyula Gosztonyi.

Abb. 2, 10, 16: Die österreichisch-ungarische Monarchie in Wort und Bild. Ungarn, IV. Band. Wien 1896. Zeichnungen von Theodor Dörre, Karl Cserna und Julius Háry.

Abb. 3: Informationsmaterial Örökség Ház, Pécs; Rekonstruktionsskizze: Kálmán Szijártó.

Abb. 5, 6: Universität Pécs. Universitätsgeschichtliches Museum. Pécs 2005, S. 3, 8.

Abb. 7: Rudimentorum Cosmographicorum Ioan. Honteri Coronensis Libri III (…). Zürich 1546 (nach einer Ausgabe des Siebenbürgen-Instituts Gundelsheim).

Abb. 8, 20, 21: Foto Harald Roth (2009).

Abb. 9: Zeitgenössischer Stich im Besitz des Donauschwäbischen Zentralmuseums Ulm, dem für die Abdruckerlaubnis herzlich zu danken ist.

Abb. 11: Angstertől Zsolnayig. Ipartörténeti tanulmányok. Hg. Gábor Szirtes, Dezső Varga. Pécs 2007, S. 153.

Abb. 12: Győző Bezerédy (Hg.): »Németnek Bécs, magyarnak Pécs«. Évszazadok krónikásai a városról. Pécs 1997, S. 73.

Abb. 13: Attila Márfi: Thália papjai Pécsett. Színjátszás Pécsett a 18. században és a reformkorban. Pécs [1998], S. 85.

Abb. 14: Michael Haas: Gedenkbuch der k. freien Stadt Fünfkirchen. Fünfkirchen 1852, Beilage.

Abb. 15, 17, 18, 19: Ilona Radnóti (Hg.): Pécs régi képes levelezőlapokon. Pécs, Veszprém 2007.

REGISTER DER PERSONEN UND ORTE

Fünfkirchen (mit seinen Namensvarianten) wird im Register nicht berücksichtigt.
Abkürzungen: Ä. = Ältere; Bf. = Bischof; bulg. = bulgarisch; dt. = deutsch; F. = Fünf-
kirchen; hl. = heilig, heilige; it. = italienisch; J. = Jüngere; ksl. = kaiserlich; Kg. =
König; kroat. = kroatisch; Ks. = Kaiser; lat. = lateinisch; Pfr. = Pfarrer; ref. = refor-
miert; röm. = römisch; rum. = rumänisch; s. = siehe; serb. = serbisch; slaw. = slawisch;
slwk. = slowakisch; slwn. = slowenisch; tsch. = tschechisch; türk. = türkisch; ung. =
ungarisch; unit. = unitarisch.

Adrianopel (türk. Edirne, lat. Hadri-
  anopolis) 12, 19
Agram (kroat. Zagreb) 39
Aidinger, János, Bürgermeister v. F. 120
Alt-Ofen (ung. Ó-Buda) 37
Andreä, Karl, Maler 118
Andreas II., ung. Kg. (1205–1235) 32
Angster, Josef, Orgelbauer in F. 111, 113
Aquileja (it. Aquileia) 12, 24
Aquincum (bei Budapest) 11f.
Arsenje III. Crnojević, Partiarch 73
Athen 31
Attila, Hunnenkg. (434–453) 19
Auschwitz (poln. Oświęcim) 140
Avignon 37

Bajan I. (Bayan), Awaren-Khagan
  (562–602) 73
Balduin v. Luxemburg, Ebf. v. Trier
  (1307–1654) 36
Baranyavár (kroat. Branjin Vrh) 23
Barcs 109
Bartholomäus v. Burgund, Bf. v. F.
  (1219–1251) 32, 84
Batthyány, Kázmér Graf 106
Batthyány, Lajos, ung. Ministerpräsi-
  dent (1848–1849) 148
Bayan s. Bajan

Beatrice v. Aragon, ung. Kg.in (1476–
  1490) 30
Beckerath, Moritz, Maler 118
Bécs s. Wien
Béla I., ung. Kg. (1060/61–1063) 25
Belgrad (serb. Beograd, ung. Nán-
  dorfehévár) 38, 45, 59, 70, 127, 131
Benlić, Mato, Missionsbf. v. Belgrad
  59f.
Beograd s. Belgrad
Bergzabern 36
Bettini, Galvano, Prof. in F. 36
Bologna 36 f.
Bóly, Gregor v., Kastellan v. F. 29
Bonipertus, Bf. v. F. (1009–1036) 24
Branau s. Baranya
Branjin Vrh s. Baranyavár
Braslav, slaw. Fürst 20
Bratislava s. Pressburg
Breuer, Marcel, Bauhaus-Künster aus
  F. 135
Brüssel (belg. Bruxelles) 151
Buda s. Ofen
Budapest (s. auch Aquincum, Ofen,
  Pest) 11, 109f., 129f., 133, 135, 138f.,
  141–143, 146, 151f.
Budun s. Ofen
Byzanz s. Istanbul

Caesernius Martialis, röm. Miles 12
Caracalla, röm. Kaiser (211–217) 11
Carnuntum (heute bei Petronell) 11f.
Çelebi s. Tschelebi
Clemens VI., Papst (1342–1352) 26
Cluj s. Klausenburg
Coppenbecher s. Koppenbach
Corvinus s. Matthias
Cremona 24
Cserna, Karl, Zeichner 85
Csezmicze 37
Csontváry-Kosztka, Tivadar, Maler
    144, 152
Csukás, Unternehmerfamilie in F. 112
Csula 41
Częstochowa s. Tschenstochau

Diakovár (kroat. Đakovo, Djakovo, s.
    auch Jakováli) 45, 49, 57
Diokletian, röm. Ks. (284–305) 12, 14
Djakovo s. Diakovár
Dörre, Theodor, Zeichner 15
Draskovics, Georg, Bf. v. F. (1557–1563)
    59
Drusus, Bruder von Ks. Tiberius,
    Mitregent (22–23, 24–30) 11
Dubrovnik s. Ragusa
Dudics, Andreas, Bf. v. F. (1563–1567)
    59
Dunaszekcső s. Lugio

Edirne s. Adrianopel
Eger s. Erlau
Eisenburg (ung. Vasvár) 66
El–Hadji Hussein 57, 84
Elisabeth („Sissi"), ung. Kg.in (1867–
    1898), Ks.in (1854–1898) 133
Elisabeth v. Thüringen, hl. (1207–1231)
    36
Emmerich, institor in F. 30

Engel (von Jánosi), Adolph, Unter-
    nehmer in F. 110, 152
Engel, Joseph, Buchdrucker in F. 91
Erfurt 31, 36
Erlau (ung. Eger) 57
Ernuszt (dt. auch Ernst, ung. auch
    Hampó), Sigismund, Bf. v. F.
    (1473–1505) 27–29, 31
Ernuszt, Johann (gest. 1476), ung.
    Schatzmeister und Ban v. Slawo-
    nien 27
Érsekújvár s. Neuhäusel
Esseg (kroat. Osijek, ung. Eszék)
    63f., 80
Essen 7, 151
Esterházy, Paul, Offizier 62
Eszék s. Esseg
Eszéki, Johannes, Bf. v. F. (1539–1541)
    45
Esztergom s. Gran

Faitscher, Franz, Gymnasialdirektor,
    Stadtpfr. in F. 93
Fata, Márta, Historikerin 8
Fedeles, Tamás, Historiker 8
Fellbach 146
Fellner, Ferdinand, Architekt 120
Ferdinand I., Erzhzg., Kg. v. Ungarn
    (1526–1564), röm.-dt. Kg. u. Ks.
    (1531/58–1564) 42f., 45f.
Ferrara 38
Font, Márta, Historikerin 8
Franz II./I., röm.-dt./österr. Ks.
    (1792–1835) 98, 107
Franz Joseph I, österr. Ks., ung. Kg.
    (1848–1916) 107f., 120
Friedrich III., röm.-dt. Ks. (1440–
    1493) 38
Fulbert, Bf. v. Chartres 24
Fulda 89

Gandhi, Mahatma, Politiker 147
Géza I., Herzog, ung. Kg. (1074–
1077) 26
Géza, ung. Großfürst (um 971–997)
21, 23, 25
Ghazi Giraj s. *Giraj*
Ghazi Kassim s. *Kassim Bey*
Giraj, Ghazi, Khan der Krimtataren
58
Givovich, Nikolaus, Großpropst in
F. 78
Gosztonyi, Gyula, Archäologe und
Architekt 13, 27, 161
Gran (ung. Esztergom) 23f., 37, 39, 58,
101, 108, 116
Graz 71
Gregorianz Paul v., Domherr in F., Bf.
v. Agram (1550–1553), Bf. v. Raab
(1554–1565) 159
Gregor v. Bóly s. *Bóly*
Großwardein s. *Wardein*
Güns (ung. Kőszeg) 44
Győr s. *Raab*

Haas, Michael, Stadtpf. v. F. 103f.
Hadrian, röm. Ks. (117–138) 11
Hadrianopolis s. *Adrianopel*
Hamerli, János, Unternehmer in F.
112, 121
Háry, Julius, Zeichner 119
Hassan aus Diakovár (ung. Jakováli
Hassan) 57, 65, 83, 144
Heidentrich, Johann, Arzt in F. 31
Heinrich III., röm.-dt. Kg. u. Ks.
(1028–1056) 25
Helmer, Hermann, Architekt 120
Hermannstadt (rum. Sibiu) 36, 150
Hoffmann, Unternehmerfamilie in
F. 112

Hohenlohe, Wolfgang Julius Graf
v. 53f.
Honterus, Johannes, Humanist und
Reformator 47, 161
Horthy, Miklós, Admiral, Reichs-
verweser v. Ungarn (1920–1944)
130, 135
Hündler, Veit, Prior in F., Titularbf. v.
Widin, Weihbf. v. Fünfkirchen 32
Hunyadi, Johannes, Reichsverweser
v. Ungarn (1446–1453) 37f., 116, 145

Ibrahim, Großwesir 44
Idris Baba, Derwisch in F. 57
Istanbul (lat./dt. Konstantinopel,
griech. Byzantion) 7, 151
Istvánffy, Nikolaus, Chronist 159
Italicus, Albertus, Magister, Bürger
v. F. 30

Jakob, der Mönch, Kirchenmaler 27
Jakováli Hassan s. *Hassan aus Dia-
kovár*
Janus Pannonius, Bf. v. F. (1459–1472)
36–39, 143, 149, 152
Jellačić, Joseph, Ban v. Kroatien 106
Job v. Záh s. *Záh*
Johannes Hunyadi s. *Hunyadi*
Johannes Paul II., Papst (1978–2005)
147
Jolanthe v. Courtenay, ung. Kg.in
(1215–1233) 32
Joseph II., röm.-dt. Ks. (1765–1790)
93–96, 102
Julian Apostata, röm. Ks. (361–363) 16

Kahlenberg 70
Kalocsa 24
Kanizsa (serb. Stara Kanijža) 58, 70f.
Kaposvár 45, 48, 70

Karl d. Große, fränk. Kg., röm. Ks. (768/800–814) 20

Karl I. Robert, v. Anjou, ung. Kg. (1306–1340) 30, 33

Karl IV./I., ung. Kg., österr. Ks. (1916–1918) 127

Karl IV., röm.-dt. Kg. u. Ks. (1347–1378) 36

Karl v. Lothringen, Herzog, Feldherr 72

Karlowitz (serb. Sremski Karlovci, ung. Karlóca) 77

Károlyi, Mihály, ung. Ministerpräsident (1919) 127, 129, 131

Kassim Bey (Ghazi) 47f., 56, 75, 86, 137

Király, József, Bf. v. F. (1808–1825) 98, 116

Kirstein, August, Architekt 118, 120

Kiss, György, Bildhauer 118

Klausenburg (rum. Cluj, ung. Kolozsvár) 132

Klimó (auch Klimo), Georg, Bf. v. F. (1751–1777) 86, 90f., 102

Klosterneuburg 32

Kocel, Sohn v. Pribina, Fürst d. Plattensee-Fürstentums (861–876) 20

Koch, Valeria, Dichterin 147

Koller, Franz, Jesuitenoberer v. F. 80

Köln 18

Kolozsvár s. Klausenburg

Komló 110

Konstantin d. Große, röm. Ks. (306–337) 16

Konstantinopel s. Istanbul

Koppenbach, Wilhelm v., Bf. v. F. (1360–1374) 28, 32f., 36f.

Köprülü, Ahmed, Großwesir 61, 66

Köprülü, Kara Mustafa, Großwesir 69f.

Kößler, Johann Ernst, Kriegskommissar 71

Kossuth, Lajos, ung. Revolutionsführer 107, 122f.

Kőszeg s. Güns

Krakau (poln. Kraków) 33, 36f.

Kraków s. Krakau

Kraus, Georg, Chronist 63f.

Krleža, Miroslav, Schriftsteller 147

Kyrill, hl., Missionar 20

Ladislaus I., hl., ung. Kg. (1077–1095) 26

Lang, Adolf, Architekt 120

Lechfeld 21

Lechner, Ödön, Architekt 110, 124

Lénárt, Franciska, Holocaust-Opfer aus F. 139

Lenau, Nikolaus, Dichter 146

Leopold I., röm.-dt. Ks., ung. Kg. (1655–1705) 66, 72, 74, 79

Leőwey, Klára 145, 147

Liszt, Franz, Musiker 100

Littke, Unternehmerfamilie in F. 112

Liupram, Erzbf. v. Salzburg (836–859) 15, 18, 20, 24

Lotz, Karl, Maler 118

Lucius Ulpius Marcellus, röm. Statthalter in Pannonien 11

Ludwig (Türkenlouis), Markgraf von Baden 66, 69–72

Ludwig d. Deutsche, ostfränk. Kg. u. Ks. (840–876) 18, 20

Ludwig I., d. Große v. Anjou, ung. Kg. (1342–1382) 33, 36, 133, 147

Ludwig II., ung. Kg. (1515–1526) 41f.

Lugio (ung. Dunaszekcső) 12

Lurcz, Hermann, Prof. in F. 36

Luxemburg 151

Majláth, György d. J., Obergespan der Baranya 107

Majláth, György, ksl. Kommissar 123
Majthényi, József, Honvédführer 107
Marc Aurel, röm. Ks. (151–180) 14
Maria Theresia, Erzhzgin., ung. Kg.in
    (1741–1780) 90–94
Martinsberg (ung. Pannonhalma) 24
Martyn, Ferenc, Maler 144
Matthias Corvinus (Hunyadi), ung.
    Kg. (1458–1490) 28–30, 37–39, 150
Maurus, hl., Bf. v. F. (1036–1070) 24f.
Max Emanuel von Bayern, Kurfürst,
    Feldherr 72
Mayer, Mihály, Bf. v. F. (seit 1989) 137
Mehmet IV., Sultan (1648–1687) 61
Mekka 56
Memi Pascha 56f., 122, 144
Method, hl., Missionar 20
Metternich, Klemens Wenzel von,
    österr. Staatsmann 105
Mindszenty, József, Kardinal, Erzbf. v.
    Gran (1945–1973) 141
Mitrowitz (serb. Sremska Mitrovica)
    s. Sirmium
Mohács 41–43, 72, 109
Molnár, Farkas, Bauhaus-Künstler
    aus F. 135
Montecuccoli, Raimondo Graf, ksl.
    Oberbefehlshaber 62, 65f.
Moosburg (ung. Zalavár) 74
Móré von Csula, Philipp, Bf. v. F.
    (1521–1526) 41
Moskau (russ. Moskwa) 141
München 35, 135
Münster in Westfalen 78

Nádasdy, Thomas, Landeskapitän 46
Nagyharsány 72
Nagyvárad s. Wardein
Nándorfehérvár s. Belgrad
Nemes, Endre, Maler 144

Nendtvich, Andor, Bürgermeister v.
    F. 129, 131f.
Nesselrode, Wilhelm Graf, Bf. v. F.
    (1703–1732) 77f., 83, 86
Neuhäusel (slwk. Nove Zamky, ung.
    Érsekújvár, türk. Uyvar) 61
Neutra (slwk. Nitra) 20
Nikolaus (v. Poroszló), Bf. v. F. (1346–
    1360) 28
Nikolaus v. Cremona, öffentlicher
    Notar in F. 24
Nitra s. Neutra
Nove Zamky s. Neuhäusel
Nürnberg 36

Ó-Buda s. Alt-Ofen
Ödenburg (ung. Sopron) 151
Ofen (ung. Buda, türk. Budun) 30,
    32, 36, 41, 43, 45–48, 57f., 61, 63, 70,
    75, 105
Olahus, Nicolaus, Humanist, Dom-
    herr in F. (1516–1521), Erzbf. v.
    Gran (1553–1568) 159
Oradea s. Wardein
Osijek s. Esseg
Oświęcim s. Auschwitz
Ottinger, Franz von, General 107
Otto III., röm.-dt. Kg. u. Ks. (983–
    1002) 23

Padua (it. Padova) 36–38
Pannonhalma s. Martinsberg
Pannonius s. Janus
Pápa 80
Paris 33, 36, 110f., 130, 135, 144
Patacs 32
Pátzay, Pál, Bildhauer 144
Paul, Propst zu Hermannstadt, Prof.
    in F. 36
Peçevi, Ibrahim, Geschichtsschreiber 57

Pécsvárad 89
Pest 98, 105
Peter I. Orseolo, ung. Kg. (1037–1046)
    25
Petronell *s. Carnuntum*
Petrus, Domherr, Apotheker in F. 31
Pettau (slwn. Ptuj) 18
Pilch, Andor, Bildhauer 122
Plutarch, Historiker 39
Pollack, Michael, Architekt 98, 101, 117
Potsdam 140
Pozsega (kroat. Slavonska Požega) 45
Prag (tsch. Praha) 36f.
Pressburg (slwk. Bratislava) 20, 37, 72,
    93, 102, 105, 132, 150
Pribina, slaw. Fürst des Plattensee-
    Fürstentums (ca. 840–861) 15, 20
Ptuj *s. Pettau*

Raab (ung. Győr) 24, 95, 151
Ráckeve 54
Radanay, Matthias Ignaz, Festungs-
    kommandant v. Zalavár, Bf. v. F.
    (1687–1703) 74–77, 88
Ragusa (kroat. Dubrovnik) 49
Rákosi, Mátyás, ung. KP-Chef
    (1945–1956) und Ministerpräsident
    (1948–1953) 142
Ransanus, Petrus, Chronist 30
Rom 16, 75, 84

Salomon I., ung. Kg. (1063–1074) 25 f.
Salona (kroat. Solin bei Split) 14
Salzburg, Erzbistum 15, 18, 20
Sarajevo 49
Sathmar (rum. Satu Mare, ung. Szat-
    már) 82
Savaria (ung. Szombathely) 12
Schaár, Erzsébet, Künstlerin 144

Schässburg (rum. Sighişoara, ung.
    Segesvár) 63
Schmidt, Friedrich (von), Architekt
    118, 120
Schreiber, Wolfgang, Stadtrichter v.
    F. 45f.
Scitovszky, Ján Krstitel, Bf. v. F. (1839–
    1852), Erzbf. v. Gran (1849–1866)
    101f., 108, 116
Seewann, Gerhard, dt. Historiker 8
Segesvár *s. Schässburg*
Sibiu *s. Hermannstadt*
Sighişoara *s. Schässburg*
Sigismund v. Luxemburg, ung. Kg.
    (1387–1437), röm.–dt. Kg. u. Ks.
    (1410/33–1437) 28f., 37
Siklós 45, 47, 63, 70f.
Simontornya 70
Sirmium (serb. Sremska Mitrovica,
    dt. Mitrowitz) 12
Skarica, Máté, reformierter Pfr. v.
    Ráckeve 54
Slavonska Požega *s. Pozsega*
Solin *s. Salona*
Sopron *s. Ödenburg*
Spannenberger, Norbert, Historiker 8
Speyer 36
Sremska Mitrovica *s. Sirmium*
Sremski Karlovci *s. Karlowitz*
St. Gotthard a. d. Raab (ung. Szent-
    gotthárd) 66
Stara Kanijža *s. Kanizsa*
Steinhardt, Antal, Architekt 120
Stephan I., d. Hl., ung. Großfürst
    und Kg. (997–1038) 8, 23–25, 36,
    116, 154
Stokucha, Major 107
Stuhlweißenburg (ung. Székesfehér-
    vár) 25, 78, 106, 151

Süleyman I., d. Prächtige, Sultan (1520–1566) 41–43, 52, 56
Sulyok, Georg, Bf. v. F. (1526–1538) 43
Sylvester II., Papst (999–1003) 23
Szapolyai, Isabella, Regentin 45
Szapolyai, Johann I., ung. Kg. (1526–1540) 42f., 45
Szapolyai, Johann II. Sigismund, ung. Kg. (1540/59–1570) 46, 54
Szatmár s. Sathmar
Szatmári (Szakmáry), Georg, Bf. v. F. (1505–1521) 28, 57, 119
Széchenyi, István, Graf 115, 144, 147
Széchi v. Balogh, Paul, Bf. v. F. (1280–1302) 28
Szegedin (ung. Szeged) 70, 132
Székely, Lukas, Kastellan in F. 47
Székesfehérvár s. Stuhlweißenburg
Szekszárd 149
Szentgotthárd s. St. Gotthard
Szepes(s)y, Ignác, Bf. v. F. (1828–1838) 98, 101f., 116, 122
Szigetvár 45, 48, 52, 58f., 63, 65, 71, 74, 80, 103
Szijgyártó, Kálmán, Archäologe 17, 161

Theoderich d. Große, Ostgotenkg. (gest. 526) 19
Theodosius d. Große, röm. Ks. (379–395) 16
Thököly, Imre, Fürst, Kuruzzenführer 69
Thüngen, Johann Karl von, Stadtkommandant v. F. 71
Tiberius, Ks. (14–37 n. Chr.) 11
Tot, Amerigo, Maler 144

Traiber (Vasváry), Unternehmerfamilie in F. 112
Trajan, Ks. (98–117 n. Chr.) 11

Treveris (Trier) 12
Trianon 130, 132, 137
Trier s. Treveris
Tschelebi (Çelebi), Evliya, Reiseschriftsteller 56, 61
Tschenstochau (poln. Częstochowa) 32
Türkenlouis s. Ludwig, Markgraf v. Baden
Urban V., Papst (1362–1370) 33, 35
Uyvar s. Neuhäusel

Válaszúti, György, unit. Prediger 54
Valens, röm. Ks. (364–378) 19
Valentinian II., röm. Ks. (375–392) 14
Valpó 45
Váraljay, Stanislaus, Bf. v. F. (1541–1548) 45, 47
Vasarely, Victor, Maler aus F. 144, 152
Vasvár s. Eisenburg
Vasváry s. Traiber
Venedig 25, 30, 70
Verancsics (Verantius, Vrančić), Anton, Bf. v. F. (1554–1557), Erzbf. v. Gran (1569–1573) 59
Veszprém s. Wesprim
Vidimer, gotischer Fürst 19
Vidin s. Widin
Vindobona (Wien), röm. Stadt 12
Vitéz de Zredna, Johann, Bf. v. Wardein (1445–1365), Erzbf. v. Gran (1465–1472) 37–39, 150
Vonyó, József, Historiker 8
Vrančić s. Verancsics

Wardein (heute dt. Großwardein, rum. Oradea, ung. Nagyvárad) 37f., 66
Weimar 135

Weininger, Andor, Bauhaus-Künstler
in F. 135
Wesprim (ung. Veszprém) 47, 80
Widin (bulg. Vidin) 32
Wien (ung. Bécs, s. auch Vindobona)
11f., 30, 32f., 37, 41, 43f., 59, 66,
69–71, 76f., 80, 89, 94, 104–108, 110,
115, 118, 122
Wilhelm v. Koppenbach *s. Koppenbach*
Wittenberg 53

Zagreb *s. Agram*
Záh, Job v., Bf. v. F. (1252–1280) 28
Zala, György, Bildhauer 118
Zalavár *s. Moosburg*
Zredna *s. Vitéz*
Zrínyi (Zrinski), Nikolaus d. J., Ban v.
Kroatien 61f., 64f., 71
Zrínyi (Zrinski), Nikolaus d. Ä., Ban
von Kroatien 52
Zsolnay, Vilmos, Unternehmer in F.
110–112, 122, 124, 134, 143f., 151–153
Zsuskó, Bürgerin v. F. 30
Zweibrücken 36

HARALD ROTH (HG.)
STUDIENHANDBUCH
ÖSTLICHES EUROPA
BAND 1: GESCHICHTE OSTMITTEL-
UND SÜDOSTEUROPAS
(UTB FÜR WISSENSCHAFT 3167 M)

Der erste Band des Studienhandbuchs Östliches Europa führt in die Geschichte und Kultur der Länder, Staaten und Regionen in Ostmittel- und Südosteuropa ein. Der Schwerpunkt liegt auf überblickartigen Regional- und Länderstudien, die Grundlagen für das Studium der historischen Vielfalt Ostmittel- und Südosteuropas schaffen. Ethnische und religiöse Gruppen, die länderübergreifend anzutreffen sind, werden eigens behandelt.

Gemeinsam mit dem zweiten Band, der die »Geschichte des Russischen Reiches und der Sowjetunion« behandelt, steht mit dem Studienhandbuch Östliches Europa insbesondere den Studierenden und Lehrenden der einschlägigen Fachrichtungen ein aktuelles Nachschlagewerk zur Verfügung, das nicht nur umfassende Basisinformationen vermittelt, sondern gleichzeitig zentrale Forschungsprobleme und innovative Ansätze aufzeigt. Die WWW-Verzeichnisse der beiden Bände werden auf der Plattform www.utb-mehr-wissen.de jährlich aktualisiert.

Beide Bände sind mit einem Preisvorteil auch im Paket erhältlich.

2., ÜBERARBEITETE UND AKTUALISIERTE AUFLAGE 2009.
XI, 534 S. MIT 4 FARB. FALTKARTEN. BR. 150 X 215 MM.
ISBN 978-3-8252-3167-5

BÖHLAU VERLAG, URSULAPLATZ 1, 50668 KÖLN. T: +49(0)221 913 90-0
INFO@BOEHLAU.DE, WWW.BOEHLAU.DE | KÖLN WEIMAR WIEN

JOACHIM TAUBER
RALPH TUCHTENHAGEN
VILNIUS
KLEINE GESCHICHTE DER STADT

Vilnius blickt auf eine über tausendjährige wechselvolle Geschichte zurück. Im 11. Jahrhundert als Residenz der Großfürsten von Litauen gegründet, entwickelte sie sich schon bald zur Bürgerstadt, wurde Sitz der Bischöfe von Litauen und Hauptstadt des polnisch-litauischen Unionsreiches. Im Spätmittelalter und in der Frühen Neuzeit zählte die Stadt zu den bedeutendsten Osteuropas Im 19. Jahrhundert erlebte Vilnius als Gouvernementshauptstadt des russischen Zarenreiches das Ende der napoleonischen Armee in ihren Mauern. Zu Beginn des 20. Jahrhunderts war sie eine rasant wachsende Provinzstadt mit einer großen jüdischen Gemeinde. Die beiden Weltkriege bedeuteten für die Stadt und ihre Bewohner eine Katastrophe. Insbesondere die deutsche Besatzung 1941 bis 1944 mit dem Massenmord an der jüdischen Bevölkerung, aber auch die sowjetische Herrschaft haben die Stadtgeschichte tief geprägt. Mit der Wiedererlangung der litauischen Unabhängigkeit 1990 wurde Vilnius zur Hauptstadt eines demokratischen Staates, der seit 2004 auch Mitglied der Europäischen Union und der NATO ist. Mit ihrem Buch laden Joachim Tauber und Ralph Tuchtenhagen den Leser ein, sie durch die Geschichte der Stadt Vilnius im Wandel der Jahrhunderte zu begleiten.

2008. 284 S. 2 FARB. KARTEN. FRANZ. BR. 135 X 210 MM.
ISBN 978-3-412-20204-0

BÖHLAU VERLAG, URSULAPLATZ 1, 50668 KÖLN. T: +49(0)221 913 90-0
INFO@BOEHLAU.DE, WWW.BOEHLAU.DE | KÖLN WEIMAR WIEN